メートル・ドテルという仕事

レストラン・サービスの哲学

アンドレ・ソレール 著
大澤 隆 訳

白水社

レストラン・サービスの哲学　メートル・ドテルという仕事

本書は、日本人読者のために書き下ろした « Philosophie du Service au Restaurant, Un Métier — Maître d'Hôtel » を翻訳したものである。本文中、（　　）は語の意味および原注、〔　　〕は訳者による解説を示す。

レストラン・サービスの哲学　メートル・ドテルという仕事

目次

プロローグ
――ついにメートル・ドテルになれた日のこと

メートル・ドテルという仕事に対して私が持ち続けている情熱を読者の皆さんと分かち合い、この職業のあらゆる側面を具体的に知っていただくために、まずは私の個人的な歩みをふり返ってみたい。

私は、十四歳でレストランでの修業を始めた。その頃から、すでにきわめてはっきりした夢を持っていた。それは、いつの日かあの「黒服」をまとうメートル・ドテルになることだった。「黒服」という、あのコスチュームに完全に魅了されていたからこそ、私はスタイルの異なるさまざまな店を「旅」しながらこの仕事を身につけ、職業上の階段を昇り、チームを率いる能力を磨くことができたのだった。

十余年にわたる職場遍歴を経て、そろそろ二十七歳になろうかという頃、詳しくは後述するが、私はパリのとあるレストランでシェフ・ド・ラン〔フレンチレストランのホール・サービスチームにおける中間の職位〕として働いていた。ある日のこと、その店のオーナーから呼び出しがあって、私をメートル・ドテルに昇進させると告げられた。長年の夢がかなったのだから、まことに誇らしい気持ちになったのは当然だが、その一方でいささか不安を感じもした。なぜなら、私に対する周囲の態度が変わってしまうだろうと思ったからだ。まずは同僚、そして古参のメートル・ドテルたちの視線が気になった。私は、いわゆる大人の世界、サービスの責任者たちの一員に新たに加わることになるのだ。しかしながら、その店の仕組みと構成員のすべてを知っていたおかげで、そうした不安に圧しつぶされることなく、新たなポジションでの仕事に取り組むことができた。いまや私には、リードしアドバイスを与えるべきシェフ・ド・ランとホールのコミ〔サービスチームの最下級の職位〕たちの一群が委ねられたのだ。そのうちの何人かは、いくぶん嫉妬めいたそぶりを見せたりもしたのだが、それには気づかぬふうを装って、彼らもまたこの職業の階段を昇っていけるよう、モチベーションを高めることに努めたのだった。

昇進を告げられて最初にしたことは、まっさらの仕事用の服を買うことだった。初めて袖を通したときの真新しい生地の匂いを、今でもあざやかに覚えている。その感激は、ちょうど新車を手に入れて、工場から出てきたばかりの車の、あの皮や内装材の渾然《こんぜん》とした匂いを感じたときに似ている。黒のタキシードだった。上着の打ち合わせはシングルで一つボタン、襟はシルクでフェイシングされ、スラックスのサイドには襟の拝絹と同じ黒いシルクの側章が一本縫いつけられている――私は、学年を首席で修了し、校庭の真ん中に設えられた壇上で賞状を授与される子供の心境だった。

もう一つ、私にはワクワクすることがあった。それは、長年にわたってシェフ・ド・ランの白いコスチュームを着てサービスに務めていた私が、明日この黒服を着て登場するのを見たら、常連の顧客がどんなふうに反応するだろうか、ということだ。フランスには「修道服を着さえすれば修道僧になれるわけではない」という言い回しがある。しかし階級、職務、機能が截然とピラミット型に設計されている私の職業（ほかの職業でもそうだろうが）では、衣装が結構ものをいうのだ。私の仕事上の心得は、つねに変わらず厳しくかつ楽しくあれ、ということではあるのだが、それでもやはり、黒服によって私と顧客との関係性が変化するのを確認することができた。つまり、黒服は私の仕事ぶりに対する顧客の注目度をぐっと増したのだ。常連客の多くは私の昇進を喜び、さらに精進するように励ましてくれた。そして私は、ランチでもディナーでも、顧客の迎え入れから注文の確定に至るまで、自分の持つコミュニケーション能力を存分に発揮して、速やかに新たな職務に習熟していくことができたのだった。

職場での私の一日は変わった。朝、顧客に関わる各エリアの準備状況、清潔さ、食卓の調和、花卉類のあしらいをチェックする。私の場合、チーズの品揃えとチーズ用ワゴンの準備の責任も負っていたので、それらもチェックする。まさにこうした局面でこそ、私がここまで重ねてきた職業上の経験と知識とが役立つのである。私はまた、自分がこれまでに身につけてきたことを若いコミたちに教える喜びも発見した。教えることは、彼ら若者たちの忠誠心を引き出すと同時に、今後キャリアを積んでいくことに彼ら自身を前向きにさせる効果があるのだ。本文で詳しく述べるように、メートル・ドテルは「サービスによって顧客に喜んでもらうことを自分の喜びとする」という思想を自分のチームに伝え広める教育者でもなければならない。だから私は、毎朝チーズのワゴンをチェックしながら、できる限りコミやシェフ・ド・ランたちに、チーズの種類や切り分け方、顧客の注文を得るための最良の勧め方について説明したものだ。

各テーブルからの注文が一段落してサービスがおこなわれているあいだ、私は目立たないように気を配りながら担当範囲のテーブルからテーブルをめぐり、差し障りのないタイミングを見計らっては顧客と二言三言交わすのが好きだった。そういうときにこそ、料理やサービスに対する本音――不満や賞賛――が漏れるものなのだ。私は彼らの言葉を、昼ないし夜のサービスが終わった直後の反省会で、厨房とサービスの両チームに伝えるようにしていた。また、顧客が少ないシーズンなどには、常連客のよもやま話に加わることもある。したがって、メートル・ドテルたる者、つねに世の中の様子にもしかるべき関心を払っておかなければならない。それに関連して思い出すのは、当時着任してまもない駐仏米国大使が、私が担当していたスタシオン〔メートル・ドテル一名が受け持つテーブル群〕の同じ席に連日二週間近くも夕食に通ってきたときのことだ。家族が故国から引っ越してくるのを待つあいだ、公邸が改修工事の最中だったために外食を余儀なくされていたこともあるが、彼はこれから数年間を過ごすことになるパリでの生活について、私と何くれとなく話したかったのだった。

担当するスタシオンが顧客で満杯になったり待ち行列ができたりしている場合や、厨房もホールも顧客からの注文がさばき切れないくらいに混雑を来している場合には、私も配下のシェフ・ド・ランやコミたちに手を貸さなければならない。そうした状況をストレスに感じるサービスのプロたちもいるが、私にとって、それはレストラン特有の雰囲気の一部であり、むしろそのあふれんばかりの活気を楽しむ気持ちのほうがまさっていたから、自然に笑顔になれたし、顧客にいましばらくの辛抱をお願いするしかるべき言葉を見つけるのに苦労などはしなかった。そんなときの私は、大波に遭遇して浮き足立つ船客をなだめて回る豪華客船の船長のような気分を味わっていたのだった。あるいは、レストランのホールというものは上演する出し物が日替わりで変わる劇場にも似ているから、メートル・ドテルは顧客にとっての居心地の良さを創り出す演出家にもたとえられるかもしれない。

そんなメートル・ドテルという仕事と、それにまつわるもろもろの歴史を紹介するにあたって、まずは田舎に生まれ育った一人の少年に過ぎなかった私が、どのようにしてこの仕事への情熱を抱き、それを天職とするに至ったかについて大筋をお話ししたいと思う。

第一章　わがメートル・ドテルへの旅

章扉写真

ガラ（大正餐会）はメートル·ドテルの華麗な舞台の一つ。ミザン·プラス（準備）が完了したメインテーブル。2011年、フランス料理文化センター主催のガラ「アンフィトリオンの晩餐」にて。

1　家族の食卓

薔薇色の家

私が生まれたのは、パリのおよそ百キロメートル東に位置するブリィ地方〔パリ盆地の東側で、北をマルヌ川、南をセーヌ川にはさまれた地域〕とシャンパーニュ地方にはさまれた人口六百人ほどの村、モントルイユ・オ・リオンにある薔薇色の壁の大きな農家だった。私のそこでの暮らしは、学校生活と四季折々の野良仕事、そして家で飼っていた羊、ヤギ、家ウサギ、アヒル、鶏などの家畜の世話がすべてだった。広い台所が生活の中心だったが、私が気に入っていた部屋は、日曜日に家族・親族がそろって食事するときにしか使わない食堂だった。

祖母から多くを学んでいた母の料理の腕は、なかなかなものだった。母はさまざまなテリーヌを用意したが、とりわけタイムとセルフイユで香りづけしたウサギのパテは得意料理だった。私たちはまた、日曜日がくると母が作ってくれる、自家菜園で採れたサラダ菜とトマト、キウリに固ゆで卵の黄身を刻み込んだミモザ風サラダに舌鼓を打ったものだ。

祝いごとがあるときの食事は、家禽のローストが供されたあとに、赤ワインか白ワインベースのソースにからめた家ウサギがかならず用意されていた。私は母の台所仕事を手伝ってエシャロットやタマネギ、あるいはジャガイモの皮を剝いたり、菜園に行って香りづけに使うハーブを集めたりした。そうした材料をすべて納めた黒い鋳鉄製の大鍋の中で肉と香草が醸《かも》し出す匂いと香りは、いまだに記憶にあざやかで、思い出すだけで口の中に唾液が湧いてくる。

ところで一般にチーズの名産地として知られているブリィ地方では、意外に思われるだろうが、主たる食事のときにチーズは食べない。チーズは、むしろ朝食時に温めたパンやコーヒーと一緒に食べるか、野良仕事に出た場合、朝十時頃にとる弁当に合わせるのが普通なのである。

そのかわり、主たる食事時のデザートはきわめて量が多い。淡雪卵と有名なチョコレート・ムースに、これまたよく知られたガトー・ド・サヴォワがつけ合されるのである。だが、食卓に集まった全員から「日曜日の素晴らしい食事だった」と言われるためには、さらに西洋スモモ、レーヌ・クロード〔西洋スモモの一種〕、季節に応じたリンゴのタルトを欠くことは許されない。私の仕事は、パイ生地を細いベルト状に切ってタルト型の中に配列された果物の上に十字型に置くことと、そこに、タルトを嚙むとカリカリした感じが出るように、ざらめ糖をまぶすことだった。

クリスマスの季節にも思い出が多い。母が、我が家伝来の「栗のケーキ」を作り始めるのもこの季節だった。これに使う栗は、十月中に森で拾う。拾い集めた栗は、納屋に据えた大きな盥《たらい》に満たした黄色い砂に埋めて保管し、必要に応じて取り出すのである。栗の貯蔵期間は、三、四か月にわたった。ケーキは、まず栗を焼いてからピューレ状にし、これにポマード状のバターと砂糖とを混ぜ合わせて生地を作る。次にこれを薪の形に整えてからオーブンで焼き、焼き上がったら溶かした黒いチョコレートを塗りつけて仕上げるのだ。

栗といえば、まだ思い出すことがある。冬の夜、台所のコンロで栗を焼いたことだ。指先を火傷《やけど》しそうにしながら、黒く焼けた栗の皮をはがしてまだ熱いうちに食べるのだが、私は弟のダニエルと一緒にいくつかの焼き栗をポケットにくすねておいて、子供部屋に上がってからベッドの毛布の下にもぐり込んで食べたものだ。

家族・親族の会食

家族・親族の会食のたびに台所で母を手伝うことは、私にとって大きな喜びだった。母が今とりかかっているレシピについていちいち説明してくれたからだ。しかし一番楽しかったのは、食卓を「お膳立て」することのほうだった。私はその頃、『いきいきした食卓の知恵』という古い本のページを繰るのが好きだった。そして、この本に触発されて食卓の「ミザン・プラス〔mise en place 下準備〕」を試みた。まず、食卓に継ぎ足し板を取りつけて面積を広げ、刺繍が施された白いテーブルクロスでその全面をおおい、ナプキンを配置した。続いて、大きな会食のときにしか使わない、母が祖母から相続した銀食器と金線入りの磁器の皿、それに脚付きのグラスを取り出してきて並べ、次に食卓の中心に燭台を一つ置く。そして、季節に応じて、葉つきの枝や、野や庭に咲いていた花を摘んできてあしらうのだ。母は、ミザン・プラスを進める私に助言を与えながら、いつでも、「おまえって、わが子ながらほんとに才能があるわねえ、きっと上品なレストランで良いメートル・ドテルになれるわ！もしお前さえよければ、マレンヌ（名づけ親）に相談してどこかの大きなホテルを紹介してもらってもいいわねぇ」と言ったものだ。

生家のサイドボードに飾られていた人形。少年時代、筆者は黒ボタンがついた赤い制服に憧れた。

このように、土地に根差した食の世界と親族が集まる祝祭的な食卓からこそ、私のサービスへの情熱が生まれたことはまちがいない。ルイ十三世様式の食器棚を備えたこの食堂があたかも城の中の大食堂ででもあるかのように、私は想像力を駆使して空間を創り出すことの本当の喜びを、その当時はそうとは知らずに、体験していたのだった。

ところで、この部屋には間口が広くて背の高い暖炉が備わっていて、秋や冬には暖をとるために実際にそこで薪をたいていた。そのマントルピースの上には、二基の燭台と暗紅色と黒色が入り混じった大理石製の一基の振り子時計が乗っているだけだったが、脇のサイドボードのほうは、実にさまざまな思い出の品で飾られていた。その一つに、磁器製の小さな人形があった。黒いボタンがついた赤い制服を着ていて、私にはホテルのドアマンを象《かたど》っているように思えた。丸い小さな制帽をかぶった姿がとても優雅で、私は自分がその人形のようになりたいと思ったものだ。また、暖炉の上の壁には、一九〇〇年代と思しき豪華な大ホテルを描いた絵が一枚掛かっていた。近景では、鯨骨でふくらませたペチコート・ドレス姿の淑女たちと背の高いシルクハットをかぶった紳士たちが海岸線をそぞろ歩き、遠景では、いままさに夕陽が沈もうとしている水平線を目指して船が一隻進んでいるという図柄だった。

この二つ、壁に掛かった絵とサイドボード上の赤い磁器人形とが、そのころの私の夢の形だったし、それらと母の励ましとが相まって、私がメートル・ドテルという職業に就く引き金となったことはまちがいないだろう。

十二歳から十四歳にかけて、私はしばしば旅立ちを夢見、遠い土地での冒険を夢想していた。私のマレンヌであるアリーヌ小母さんが休暇で我が家に滞在していたとき、私たち、つまり母と私は、私が食卓を整え、飾り付け、皿を配置し、会食者にサービスすることに喜びを感じていることを話したのだった。マレンヌとは、カトリック信者として子供が洗礼を受ける際、その子供を介添えする女性のことで、代母とも呼ばれる〔男性の場合は、「パレンヌ」と呼ぶ〕。フランスでは、洗礼後も必要に応じてその子の成長に責任を持ち、かつ積極的に支えることが法的に義務づけられている。親族がなることが一般的で、アリーヌ小母さんも母方の遠い親戚だった。

わが代母

アリーヌ小母さんは海辺に住んでいた。ロワイヤンという、フランス南西部の大西洋岸にある人口二万人足らずの都市である。毎年夏になると、彼女は数日間の休暇をモントルイユ・オ・リオン村で過ごすために汽車に乗ってやって来た。私たちが住んでいる静かな田園で、自然に立ち返るのが好きだったのだ。

小母さんは、パリのいくつかのホテルで部屋係として働いたのち、大西洋岸のシャラント・マリティム県へ移っても同じ仕事をしていた。つまり常にホテル業界に身を置いていたのだ。そしてキャリアの最後は、さる老伯爵夫人の「コンパニオン」としてロワイヤンにほど近い豪華なホテル式レジデンスに滞在していた。コンパニオンとは、上流階級や富裕層の老人たちの話し相手を務める職業で、二十世紀の前半までは欧州を中心に普通に存在していた。アリーヌ小母さんは、この職業の最後の世代だったといえるだろう。彼女の性格をひとことで描写するなら、まず外向的というべきだが、いつでも私の心配ごとには真剣に耳を傾けてくれた。彼女の存在は、私に大きな影響を及ぼした。

2　ホテル・レストラン「ラ・グランド・コート」

初等教育課程の最終学年の修了が近づいてきたとき、わが代母アリーヌ小母さんのおかげでついに旅立ちが実現した。彼女は、ロワイヤンのホテル関係者を数多く知っていた。そこで彼女の友人で、海辺でホテル・レストランを経営しているドゥラフォワ夫妻に、実際の仕事、それもプロの世界の現実を私に理解させるために、ハイシーズンである七、八月の期間に試用してもらえないかと打診してくれたのだ。

一九六一年初夏、私はCEP（初等教育修了証書）を獲得した。家の事情から中学校《コレージュ》へは進まず、当時の学制で許されていた基礎教育課程の二年延長を選んで当時十四歳になっていた私は、こうして、ためらいも後悔も迷いもなく、生まれ育った家を出た。代母に全面的な信頼を置いていたのである。とうとう都会に向けて旅立てることに、得も言われぬ幸せを感じていた。

代母は私を伴って、ホテル・レストラン「ラ・グランド・コート」のオーナーであるドゥラフォワ夫妻に引き合わせてくれた。この最初の出会いのときのやりとりは、忘れられない。ドゥラフォワ夫人が私に、「君の名前はなんていうのかしら?」と尋ねたので、私は「アンドレ(André)です!」と答えた。すると、夫人はこう言ったのだ。「あら、そうなの……いいわ、今日からここでは、君は『デデ』よ」。もっとあとになって、私はこのホテルのサービスチームにアンドレ(Andrée)という発音上は私の名前と同じ音になる女性がいることを知った。

二か月のハイシーズンのあいだ、私はさまざまな仕事を与えられた。最初の月は厨房の仕事を観察し、簡単な仕事を手伝った。二か月目には、レストランのホール(入口近くのスペースのことではなく、客席が設えられているレストランの主室)で、サービスチームの身ごなしと姿勢、そして顧客との関係を見ながら覚えていく。また、朝にはしばしば客室係の女性の仕事も手伝った。自分を取り囲むすべてに情熱を刺激され、感嘆していた。

私が即座に惹きつけられたのは、ホール・サービスという仕事だった。なぜなら、厨房でよりもそこでのほうが、私自身をよりよく表現できると感じたからだ。故郷の家の食卓を準備し、飾りつけていたときに感じた喜びを再発見し、サービスによってこそレストランのホール全体が活気づく事実を新たに発見したのである。私は、水を得た魚のように、私自身の本来のすみかに帰ったように感じていた。サービスチームの制服——半袖シャツと白い上着、黒ネクタイ、黒ズボン、黒靴——に身を包むことがうれしくてならなかった。それに、青空と太陽と海の水平線があるのだから、ちょっと休暇をすごしているような気分にさえなったものだ。

「ラ・グランド・コート」は、ロワイヤンの中心部から海沿いに数キロメートル離れた地点にあり、

ホテル・レストラン「ラ・グランド・コート」の外観

十六世紀に建設された堂々たるコルドゥアン灯台とジロンド河口の港、そして大西洋に臨む、三十室規模のホテルだった。ホテル内にある本格的な美味追求タイプのレストランは、海に面して二つのホールを持ち、それとは別に宴会用のサロンが一つあった。すべてを合わせた全体の席数は百八十、夏季にはそれに加えて、さらに八十席のテラス席が設けられた。

　創始者はドゥラフォワ夫人の父ルヴェール氏で、竣工は一九一一年にさかのぼる。一九四〇年代まで、ルヴェール氏は、夏にはロワイヤンの自分のレストランで仕事をし、冬にはパリでレストランのディレクター（支配人）を務めるという二重生活を送っていたそうだ。私は、この創始者ルヴェール氏と会う機会に恵まれた。そのとき、氏はもう八十五歳の高齢だったが、自分のホテルの一室に住んで実に矍鑠《かくしやく》たるものだった。パリの有名なビストロ「クポール」のディレクターの一人として一九二七年の開店に立ち会った際のことや、そこでのできごとをしばしば私に物語ってくれた。とりわけ彼がよく話題にしたのは、当時のロシア皇帝ニコライ二世の席でサービスしたときの逸話だった。あるシェフ・ド・ランがシャンパーニュの栓を抜くときにガスを逃がしそこねて、猛烈な音とともに栓を弾き飛ばしてしまい、かつ中身をテーブル一杯にぶちまけてしまったのだそうだ。そのシェフ・ド・ランは、この重大な失敗のせいで即刻罷免されたという。

ドゥラフォワ夫人の夫、つまりドゥラフォワ氏は、ロワイヤンの名士で尊敬の的だった。このホテル・レストランのオーナー兼総料理長であり、陽気で熱意にあふれた「力士」型の風貌をもつ誠実な人物だった。彼は、自分の職業を芸術として伝えていきたいと考えており、プロスペール・モンタニエ協会やロティスール・チェーンなど、料理人たちをつなぐ多くの全国的な組織のメンバーにもなっていた。また、「美の海岸」と名づけられたこの地方のホテル業界の団体の会長職も務めていて、ロワイヤン市営国際会議場の料理責任者になっていたので、会議場でイベントがあるたびにその厨房で腕を揮っていた。

ドゥラフォワ夫人——シュザンヌ・ドゥラフォワのほうは表にいて、顧客の迎え入れとホテルのレセプションの管理、それにレストラン・ホールでのサービスチームの監督にあたっていた。この夫人こそ、現代の研修制度にあてはめて言えば、私の「研修主任」であり、このホテルでメートル・ドテルを務めるクラヴェ夫人の補佐を受けて仕事に励んでいた。レストラン・サービスのプロの娘に生まれ、常にこの業界に身を置いて成長し、当然の成り行きとしてこのホテル・レストランが再建された一九五〇年代には、両親の跡を継いでオーナーになった。彼女は、いつも微笑みを浮かべ、落ち着いていて、心に人を包み込むような優しさを秘めた婦人だった。あるスタッフが十分に責任を果たせ

ドラフォワ夫人と17歳の筆者。徒弟修業中の筆者にとって、「研修主任」であり、第二の母親だった。

るだけの能力があると感じれば、仕事上の権限を完全に譲渡した。つまりその仕事を熟知している者に対してとても寛大であり、全幅の信頼を寄せることができる人物だったのだ。

ドゥラフォワ夫人は、私が少年から青年へと成長するすべての時期を通じて、また私の生涯を通じて、健全な価値観というもの、きちんと成し遂げられた仕事への誇りというもの、たとえとるに足りない職務であっても仕事を成し遂げたときの満足感というものを教えてくれた。たとえば、インコの鳥籠が私の責任範囲だったことがあるが、さえずる鳥たちを眺めに来る顧客が快く楽しめるように、私はこの鳥籠を完璧に手入れしておかなければならなかった。私が十五歳から十八歳になるまでのあいだ、夫人は社会人として尊重しなければならない健全で厳格な価値とはなにかということと生活上のノウハウを教えてくれた。それればかりではなく、もっと根本的に、人間としてどうあるべきか、どう行動するべきかについても明示してくれた。ある日、ロワイヤンの街中からホテルへ戻る車中でのことだった。夫人は私に、初めてこう諭したのだ。

「まず与えることよ、そうすると受け取ることになるの。まず愛することよ、そうすると愛されることになるわ」

この短い言葉は、そののちの私の人生と職業生活のモットーとなる。私は、夫人に第二の母親を見ていた。人格形成の途上にある未成年だった私が、善きバランスを見い出しつつ自分自身を築き上げられたとすれば、それはこのとき夫人が示してくれたこの原則のおかげである。あれから四十年以上も経ったいま、夫人が私にあらゆる価値を伝授してくれたことに対して、あらためて熱烈な感謝を捧げ、心から夫人を讃えたいと思っている。彼女は二〇〇七年四月に亡くなった。九十九歳だった。

3　修業――レストラン・サービスの基礎を学ぶ

「ラ・グランド・コート」で初めてホール・サービスという仕事を経験するやいなや、私は自分が本来いるべき世界にいることを感じとっていた。この仕事によってこそ、自分が人の役に立っている、人から認められていると感じることができたのだ。このホテル・レストランでメートル・ドテルを務めるクラヴェ夫人は、私には大いに観察眼があり、自然な微笑を浮かべながら顧客に喜んでもらうべくコミュニケーションをとるのに長けていると言ってくれた。彼女は、五十歳前後の、仕事には厳格な女性で、自分が率いるチームに対してはかなり厳しく、かつ要求レベルが高かった。ホール・サービスの仕事を熟知し、それに加えて毎年やってくる顧客の習慣や癖、食事の好み、気に入りのテーブルや部屋についてもすべて把握していた。とても教養が深く、またドイツ語と英語を流暢に話せた。最初の一年間、私は主に彼女の監督下にあった。

クラヴェ夫人が私にしてくれたアドバイスの一つは、「見る目を持て」ということだった。これはこの職業特有の言い回しで、「顧客のニーズを一目で素早く感知し、予測せよ」という意味である。具体的には、グラスが空になるか顧客が要求するより前にワインをサービスしたり、顧客のパン皿が空になる前にパンを持って行ったり、水のカラフが空になって顧客が要求するより前に新しいカラフに替えるなどのほか、食卓を常に清潔に保つためにきわめて頻繁に灰皿を取り換えたり、顧客が床に落としてしまったナプキンを交換したり……。要するに食卓についた顧客が「こうして欲しい」と思うことの先回りをすることだ。

私はホール・サービスに立った当初、顧客の様子と先輩たちの動きを観察することから始めた。次にパンの給仕、アペリティフの給仕を実際におこない、それに慣れたあとでようやくそれ以外の仕事、つまり厨房から料理を盛った皿をプラトー（大盆）に載せて運び、次に汚れた皿を洗い場へ運ぶ仕事に加わることが許された。これは、口で言うほど易《やさ》しい仕事ではない。個々の作業を手早くおこなわなければならないし、ホールとテラスに設えられたすべてのテーブルの番号と配置をきちんと記憶しなければならないからだ。この仕事が完璧にできるようになると、クラヴェ夫人は私に、まずアペリティフの注文を取ることを許し、次に長期滞在客にその日のメニューを説明することを許可してくれた。長期滞在客向けには、毎日違った特別料理が用意されているからである。

ところで、料理の注文をとるということは、レストラン側から見れば、厨房が用意した料理を顧客に販売する最前線の営業活動である。したがってレストランにおけるもろもろのサービスのうち、売り上げを立てるという、このきわめて重要な工程が許されるようになるまでには、メニューの内容をどう売り込むべきかを勉強し、ホールという営業の現場で観察を続け、かつ顧客役に回ったクラヴェ夫人を相手にメニューの内容を説明してオーダをとるシミュレーションを繰り返しおこなわなければならなかった。六か月が過ぎたころに、ようやくＯＫが出た。その時点では、私もそれまでよりはるかに自信を深めており、かつメニューの内容もよく理解できていたので、実際の顧客からの最初の注文を落ち着いてとることができた。とはいえ私が、メートル・ドテルの監督下でホールやテラスに展開するテーブルの一グループ全体のサービスを任されるシェフ・ド・ランになるには、修業期間の最終年である三年目が始まるまで待たなければならなかった。

ハイシーズンの期間には、迅速であることと効率的であることが要求された。そういう季節に休暇でやって来る顧客には慌ただしく発っていく人たちが多いから、関係性はきわめてはかない。それに対して、シーズンオフの顧客はたいてい常連客で、食卓の楽しみとサービススタッフとの関係作りにより多くの時間を割いてくれる傾向があった。

クラヴェ夫人は、舌ビラメやスズキをフィレにさばく方法とか、オマールエビや伊勢エビそしてこのホテル・レストランのスペシャリテであるブイヤベースの準備の仕方を、私に手ずから示してくれた。ブイヤベースには、カサゴやヒメジ、キス、アナゴ、的鯛など多種にわたる魚を使う。彼女は、これらの魚を、顧客の面前でさばき、コンロにかけた鍋で煮られるように、手際よく準備していった。煮上がった魚は、ニンニク入りのパンのクルトンとルイーユを添えた魚スープと共に供される。ルイーユは、卵の黄身とオリーヴ油、場合によってはそれにマッシュしたジャガイモ、さらにニンニクと赤ピーマンおよびサフランを加えて作るプロヴァンス風のソースである。私が初めて顧客のテーブルの前でゲリドン・サービス〔ゲリドンと呼ばれる小テーブル上で料理を仕上げるサービス〕をおこなったのは、そんな繁忙期でのことだった。

クラヴェ夫人はまた、この職業で身につけておくべき基本的な距離感についても教えてくれた。つまり、顧客と自分との境に一本の想像上の糸を張るのである。夫人は、しばしば私に「目立たないように、しかし礼儀正しく、そして決してなれなれしくはしないように気をつけなさい」と教えたものだ。これこそ、私が決して忘れないサービスのプロとしての基本中の基本であり、私の教授時代にあらゆる講義を通じて後進に伝えようとしてきた心がけなのである。

徒弟修業も二年目に入ると、私はホール・サービスのスタッフとしてかなり自律的に行動できるようになっていた。そして、あいかわらず大いに仕事を楽しんでいた。夏の午後、ホールと厨房のスタッフの休憩時間に、私は決まって海岸へ行った。といっても海水浴をしに行ったのではない。ショコラ・グラッセ〔凍らせたチョコレート菓子〕を売りに行ったのだ。私は、一時間半くらいのあいだ、肩から保冷容器を吊って、浜辺でビーチタオルに横たわり肌を陽に焼いているヴァカンス客たちのあいだを熱い砂を踏みしめながら、「ショー、ショー、ショコラ・グラッセ！　ショコラ・グラッセはいかが！」と売り声をあげながら歩きまわるのが好きだったのだ。また、私が修業していた「ラ・グランド・コート」は浜辺に「ロン・ポワン」〔ロータリーの意〕と名づけたテラスつきのバーも持っていた。ヴァカンス客たちが砂浜から引き揚げてくる午後六時頃、そこへ出かけて行ってワッフルを焼くのもお気に入りの仕事だった。熱く焼けていくパン生地の香ばしく美味しそうな香り、その上に盛大に振りかけるせいで、カウンターの上に粉砂糖の霧が舞い上がる情景を今でも思い出す。この香りと眺めとで道行く人々を惹きつけ、私が用意した美味しいお菓子をちょっと味わってみようかという気を起こさせ、白木造りのバーの小屋の前で歩みを止めさせようという寸法だ。

私は自分が好きな職業に就き、その方法を学べたのだから、実に運が良かったというべきだろう。

「ショー、ショー、ショコラ・グラッセ！」。夏の午後の休憩時間、浜辺で氷菓子を売る。筆者15歳。

私は、顧客の生き方やものごとの受け止め方、反応やふるまい、あり方というものを、その是非を判断することなく、ひたすら観察する能力が自分に備わっていることを直観的に知っていた。つまり、さまざまな顧客との出会いは多種多様な人生を記録した巨大な書物にもたとえられようが、そこに記された暗号を読み解くことができるように感じていたのだ。それから何年も経って、私が自分の職業的な経験を後進に伝える立場になったとき、若い学生たちに、この観察力のことを、たとえそれがはかなく摑《つか》みがたいものであっても、説明することができた。この観察力こそ、私にとってまさに「創世記」といえるこの修業期間からサービスのプロとしての全キャリアを通じて、私を豊かにしてくれたものだったからだ。

修業のあいだ、つまり十四歳から十八歳までの三年半、私は同じホテルの厨房でやはり徒弟修業をしていたジャン＝ルイとともに、一般教育課程を履修するために週一日だけロワイヤンの専門学校「コレージュ・シャンポリオン」

に通った。これはフランスの学制でいう中等教育前期の第五、第四、第三学年〔フランスでは中等教育後期＝日本の高校二年を第一学年と呼び、日本とは逆に進級するにしたがって学年を示す数字が減る。ちなみに高校三年は「最終学年」と呼び、数字では呼ばれない〕の中学校での教育に相当する。全科目が必修で選択科目は存在しなかった。海岸線に沿った道を自転車で通学したのだが、当時は自動車が少なかったので、ロワイヤンの街の通りでスピードを競い合ったものだ。

コレージュでの授業が終わると、私たちはよく漁港へ寄り道した。潮の加減次第では、小型のトロール船団が漁獲品を陸揚げしているからだ。そんなときは、低空をおびただしいカモメやユリカモメが分け前を要求するようにやかましい鳴き声を上げて飛びかっていたものだ。陸揚げの情景を眺めるのに飽きると、私たちは登校時とは違う海辺の岩場を通る道で帰途につく。それは高い崖沿いの小道で、大西洋から吹きつける海風がうなりをあげる日には、サドルから腰を上げてペダルを漕がなければ前へ進めないこともよくあった。路傍《みちばた》に群生しているタマリンドの赤い花を咲かせた茂みの列も右に左に大きく揺れざわめく。いまや暮れなずむ空には、鉄色に近い青とオレンジがかった赤の入り混じった夕陽を浴びて、ユリカモメの群れも気流にもてあそばれるまま前へは進めず、中空に静止してようやく平衡をとっているように見えた。私たちは風に逆らって懸命に漕ぎ進む。コルドゥアン灯台さえ見えてくれば、もう私たちのホテルの灯は近い！

毎年の五月、ロワイヤンのホテル・レストラン関係者は同地の商業組合と共同で、カフェのギャルソンによる競歩大会「ラ・マルシュ・オ・プラトー」を主催していた。これは、カフェに限らずロワイヤンのあらゆる種類のホール・サービスに携わるスタッフを対象におこなわれるもので、ロワイヤンの街中に設けられた五、六キロメートルのコースをある条件のもとに歩き通して、その所要時間を競うスポーツイベントだった。すべての競走参加者は、自分が所属するホテルやレストラン、カフェを代表して出場する。このレースでは、まず全員がサービス時の制服を着用し、大盆の上に水を詰めたボトルと、やはり水を張ってある目盛りのついたグラスを一つ載せてスタートラインに並び号砲を待つ。そしてレースの最中にこぼした水の量は、ゴールしたのちにセンチメートル単位で測定され、一センチメートル一分に換算されて記録から差し引かれるのである。上司たちに励まされ、私は二年連続でこのレースに出場した。そしてその二度のレースに、まことに嬉しいことに、二度とも優勝することができたのだった！

一九六四年六月初め、私は職業適性証書（Certificat d'Aptitude Professionnelle 略称ＣＡＰ）取得試験に合格した。これは文部省認定の証明書であり、国家資格である。筆記試験は技術学校で実施され、実技はロワイヤン市営国際会議場でおこなわれた。料理部門の実技試験には十五名の受験者が残った。その中で、ホール・サービス部門で見事に合格したのは、私を含めて三名に過ぎなかった。

当時の実技試験の中身は次のようなものだった。

・四人分の食卓とコンソール〔ナイフやフォークなどの食器類を格納するケース〕のミザン・プラス〔下準備〕

・英語しかわからない人物一名を含む四人の会食者の受け入れとオーダー・テイキング

制服を着て、盆に載せた水グラスとボトルを運ぶレース「ラ・マルシュ・オ・プラトー」で2年連続優勝。筆者17歳。

Les examens au C.A.P. continuent...

Après les maçons et les pâtissiers, voici les futurs chefs « cuistots ».

Mardi, toute la journée, les candidats au C.A.P. de cuisinier se sont affairés derrière leurs fourneaux.

Les dix premiers candidats du matin devaient préparer une fricassée de volaille à l'ancienne, des pommes-allumettes et des choux à la crème pour sept personnes.

Les neuf candidats de l'après-midi devaient réaliser un potage Saint-Germain aux croûtons et une poule au riz sauce suprême, également pour sept personnes.

Lorsque nous sommes allés rendre visite aux examinateurs et aux candidats, ces derniers terminaient leurs travaux.

Dans la salle avoisinante, les trois candidats au C A.P. de commis de restaurant, attendaient que les cuisiniers aient terminé pour faire le service Ces derniers, en plus des questions pratiques, ont aussi une épreuve de langue étrangère.

Les jurys étaient composés de la manière suivante :

C.A.P. cuisiniers. — MM. Roger Gubois (Royan, président); Palot (La tremblade); Descubes (Saint-Porchaire), Laroche (Royan), Chevallerot (Saint-Georges-de-Didonne), Lhermite (Saint-George-de-Didonne) et Berlan (Royan).

C.A.P. commis de restaurant — M. Georges Dubois (Royan), Darroux (Royan), Berlan (Royan) et Lhemite (Saint-Georges-de-Didonne).

Voici les trois candidats au C.A.P. de commis de restaurant, qui sont un peu crispés, car l'examen n'est pas terminé.

C.A.P 試験に合格。中央が筆者。地方紙に掲載され、キャプションに「C.A.P. に合格した3人のコミたち。撮影したのがまだ試験が終了していない時点なので、3人ともいささかこわばった表情」とある。

・食材知識を活かした料理のサービスと、ワインの知識を活用したワインサービス
・「肥育鶏のライス詰め、シュプレーム・ソース添え」のデクパージュ〔まるごと一羽の鶏を顧客の面前で切り分けて、一人一人の顧客にサービスすること〕
・デザートとして、キルシュを添えたフレッシュ・パイナップルのゲリドン・サービス。この実技テストでは、丸のままのパイナップルを顧客一人一人に切り分け、形を整え、きれいに盛り付けて供する。ただし皮や目はゲリドン上ではなく厨房内のオフィス〔サービスに必要な機材をすべて収納してある部屋のことで、一部の冷製料理の仕上げをおこなったり、飲料を用意したりするスペース。パントリーともいう〕で午前中にさばき、その作業も採点される。

4　パリ・デビュー

「エリゼ・マティニョン」

一九六四年九月、私はパリ八区の「エリゼ・マティニョン」という、シャン＝ゼリゼ通りにある豪華な大型レストランに勤めることになった。それは一九七〇年代には人気の高かった有名店で、現代であればイケてる店とでも形容されていただろう。一階はおよそ百五十席ある本格的な美食系のレストランで、当時の流行にしたがってサロン・ド・テも併設されていた。それとは別に地下にはウエイティング・バーを備えたレストランがあって、これは夜だけ営業した。この地下の領域は芸能・芸術界に身を置く顧客専用のプライベート・クラブであり、俳優や歌手、美術家や音楽家、作家や画家などのための空間だった。

私にとっては、舞台装置の大転換である。大西洋の泡立つ波頭と逆巻く海霧を背景に堂々とそびえ立つコルドゥアンの灯台を正面に臨む第一幕から、シャン＝ゼリゼ大通りを彩る尾灯の列や華やかなイルミネーションに照らし出されたパリ生活の象徴、スパンコールの煌めきと蝶ネクタイの群れが行き交う第二幕へとかわったである。私は、この新たな舞台での生活に魅惑されていた。

「ラ・グランド・コート」での三年間の徒弟修業をおえたのち、私はここで、駆け出しのサービスのプロとして、さらなる「修業」を続けることになったのだった。実際のところ、レストランやバー、ブラッスリやホテルなど、食に関係する場以上に、人生の荒波の中で私たちを取り巻く社会を発見し、学び、交流し、観察するのに適した場所はそうはないだろうと思う。

この新しい勤め先は、これまでとまったく異なる世界だった。「ラ・グランド・コート」の家族的な雰囲気に比べれば、はるかに大規模で明確な階級制が布かれていたからだ。

ロワイヤンでの私は、顧客が私と私のサービスを必要としているとうぬぼれていたものだが、このパリのレストランでは、私は匿名の一人に過ぎなかった。ここの美食系レストランでサービスするあいだ、私が顧客と接する機会は少なかった。しかし午後、サロン・ド・テでのサービスに移ると、美食系レストランよりもずっと気晴らし気分が強い雰囲気の中で、常連客相手に会話する時間がかなりもてた。私にとって、こうした変化は少しも苦にならなかった。私は巨大チームの中で仕事していく現実に向き合い、観察し、適応し、新しい役割、統率された新しい仕事の仕方を発見し、レストランのコミ（コミ・ド・スイートとも呼ばれる）という職業を学びなおしたのである。

「エリゼ・マティニョン」におけるサービスチームは、レストラン・ホールのコミが全二十二名、その上にシェフ・ド・ランも同数いて、さらにその上のメートル・ドテルは十二名、その上にレストラン・ディレクターが二名、そして全体統括者としてジェネラル・ディレクターが一名という構成だった。毎月、シェフ・ド・ランは配下のコミとセットで仕事場が変わる。つまり四週間にわたって一階の美食系レストランならびにサロン・ド・テを担当したのち、つぎの四週間は地下のプライベート・クラブを担当するのである。しかし、メートル・ドテル以上は担当が変わることはなかった。

ホール・サービスの組織

下から、コミ（①）、その上にドゥミ（二分の一）・シェフ・ド・ラン（②大規模なサービスチームでは、しばしばこのドゥミ・シェフ・ド・ランがシェフ・ド・コミ〔コミのチーフ〕を務める。なお、「ラン（rang）」とは、レストラン・ホールに展開しているすべての客用の食卓をサービスの都合上数グループに分けたうちの一グループのこと）、その上にシェフ・ド・ラン（③）、その上に、常に人材が求められているメートル・ドテル（④）、さらにその上に総支配人に相当するプルミエール・メートル・ドテル〔首席メートル・ドテル〕ないしディレクトゥール・ド・レストラシオン〔レストラン・ディレクター〕（⑤）がいる。

シェフ・ド・ランには、数年間ドゥミ・シェフ・ド・ランを務めたのちに昇進するのが普通。メートル・ドテルとしてキャリアを積んだあとは、首席メートル・ドテルないしレストラン・ディレクターになる道が開ける。

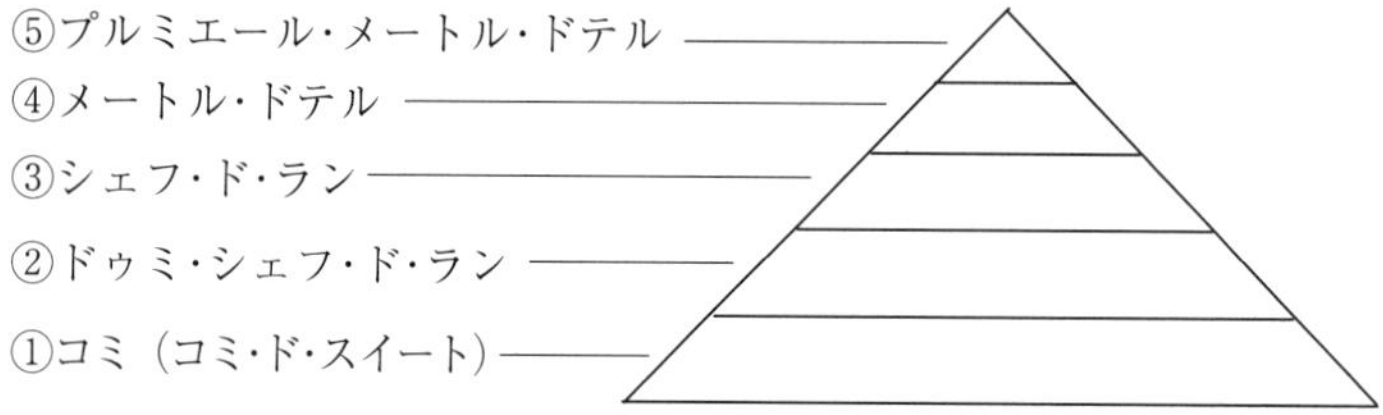

ここの美食系レストランでのコミの制服の上着は、喉元までパール・ボタンがある白い詰襟で、両肩には金色の肩章が付いていた。毎朝、コミ全員がプレスのきいたこの上着を受け取った。コミ・ド・スイートとしての私の仕事は、まず、十七段ある階段を早足で下ってメートル・ドテルが書いたオーダーシートを地下の厨房まで届けることから始まる。幸いなことにこの階段の幅は、大きな銀盆を捧げ持った二人のコミ・ド・スイートがキビキビした動きですれ違うのに十分なほど広かった。つまり、一人は料理を盛った大皿やクロッシュ〔釣鐘型のカバー〕を被せた皿を銀盆に載せて厨房からホールへ運ぶために昇り、もう一人は食べ終わって汚れた皿を食卓から洗い場へ運ぶために降りるのだ。

私たちの職業では、「フェール・ユンヌ・スイート」〔faire une suite 次の展開を用意する〕と言えば、コミ・ド・スイートが顧客の食事の進行にあわせて最適のタイミングで料理を盛った皿やクロッシュを厨房で用意し、それを迅速にホールへ運び、次に自分が仕えているシェフ・ド・ランやメートル・ドテルがその皿やクロッシュを顧客にサービスするのを補佐することを指す。このレストランの場合、一つのランが八から十テーブルであり、席数に換算すれば三十から三十五席に相当した。担当するテーブルの皿が空いたら、今度はそれを洗い場に下げるのだが、その前に食卓やコンソールを整理整頓するのもコミ・ド・スイートの仕事である。

コンソール

シルバー類（各種のスプーン、ナイフ、フォーク）、グラス類、リネン類およびテーブルアクセサリーを収納する家具で、ホールに設置される。天板は、厨房から運ばれた料理や下げた食器類の仮置き場として利用され、ホール、厨房、洗い場の結節点になる。なお、シルバー類の収納順は、洋食器を使う本格的なレストランであればジャンルを問わず世界共通で、サービスする側にとっては、初めて仕事をするレストランでもとまどうことはない。

このレストランには、注文内容に応じて次のようなサービス・スタイルがあった。

クロッシュ・サービス

皿に盛られた料理を冷まさないようにクロッシュと呼ばれる釣鐘型のカバーを載せるスタイル。そうした実用的機能的な意味合いとは別に、とりわけクロッシュを皿から取り上げる際に見栄えがするこの豪華なスタイルは、ホールの雰囲気作りの上できわめて効果的である。クロッシュを皿から取り上げる以前からして、顧客が思わず身じろぎするほどの期待感が盛り上がる。高級志向のレストランでは、しばしばコミがクロッシュをかぶせた複数の皿を銀の大盆に載せてホールへ運び込み、顧客の食卓に近いゲリドンに置くのだが、このことも、あたかも貴族の城館でなにごとか重大な式典が進行しているかのような独特の雰囲気を醸《かも》し出すのだ。

英国式サービス

各種のソースとか「魚のポ・ト・フ」や「仔牛のブランケット、アンシエンヌ風」といった小型のココット〔ピタリとした蓋がついた円形か楕円形の厚手の鍋〕で煮込んだ田舎風の料理、デザート用にブランべ〔主食材にまとわせた強いアルコールを燃え上がらせて香りづけする手法〕したリキュールをサービスする際のスタイルである。シェフ・ド・ランが、ソースならスプーンで、ココットないしプラトーに盛られた料理ならサービス用のスプーンとフォーク〔大きさは顧客用と同じ〕を使って、顧客の前に置いてあるあらかじめ温めた皿に取り分けて供していく。手早いサービスができるが、サービス側の熟練が必要なスタイルである。これに対して、大皿に盛った料理を顧客自身が好みに応じて自分の皿に取り分けるスタイルを、今日ではフランス式サービスと呼ぶ。これは、第二章で説明される古典的なフランス式サービスとは区別しておく必要がある。

切り分けワゴン・サービス

これに使われるヴォワチュール・ド・トゥランシュと呼ばれるワゴンは、天板が縁飾りを施した銀の分厚いカバーで覆われ、内部の切り分けプレートが蓄熱式電熱システムかアルコール・ランプを熱源とするバン・マリ〔できあがった料理を保温できる湯煎鍋〕で温めてある。メートル・ドテルは、キャスターつきのこのワゴンをテーブルからテーブルへと移動させ、顧客の面前で手際よく「その日のお薦め料理」のデクパージュ〔切り分け〕をおこなうのだ。これは急いでいる顧客に素早く料理を供するためで、主に昼食時におこなわれていた。この切り分けをおこなうメートル・ドテルは、季節に応じて次のような料理をワゴン上でさばいていた。「プレ・サレのジゴ〔海岸に近い牧場の塩分を強く含んだ草で育った仔羊のもも肉〕」「ソース・ポワヴラード〔胡椒を利かせたソース〕にコケモモのジャムを添えた鹿のジーグ〔もも肉〕」「ソース・ペリグー〔マデラ酒を加えたドゥミ・グラスにトリュフを加えたソース〕

クロッシュ・サービス。クロッシュ（釣鐘型のカバー）の下にどんな料理が隠れているのか、期待を盛り上げるとともに、クロッシュを一斉に、あるいは順次取り上げて、華麗さを演出する。2011 年、フランス料理文化センター主催ガラにて。

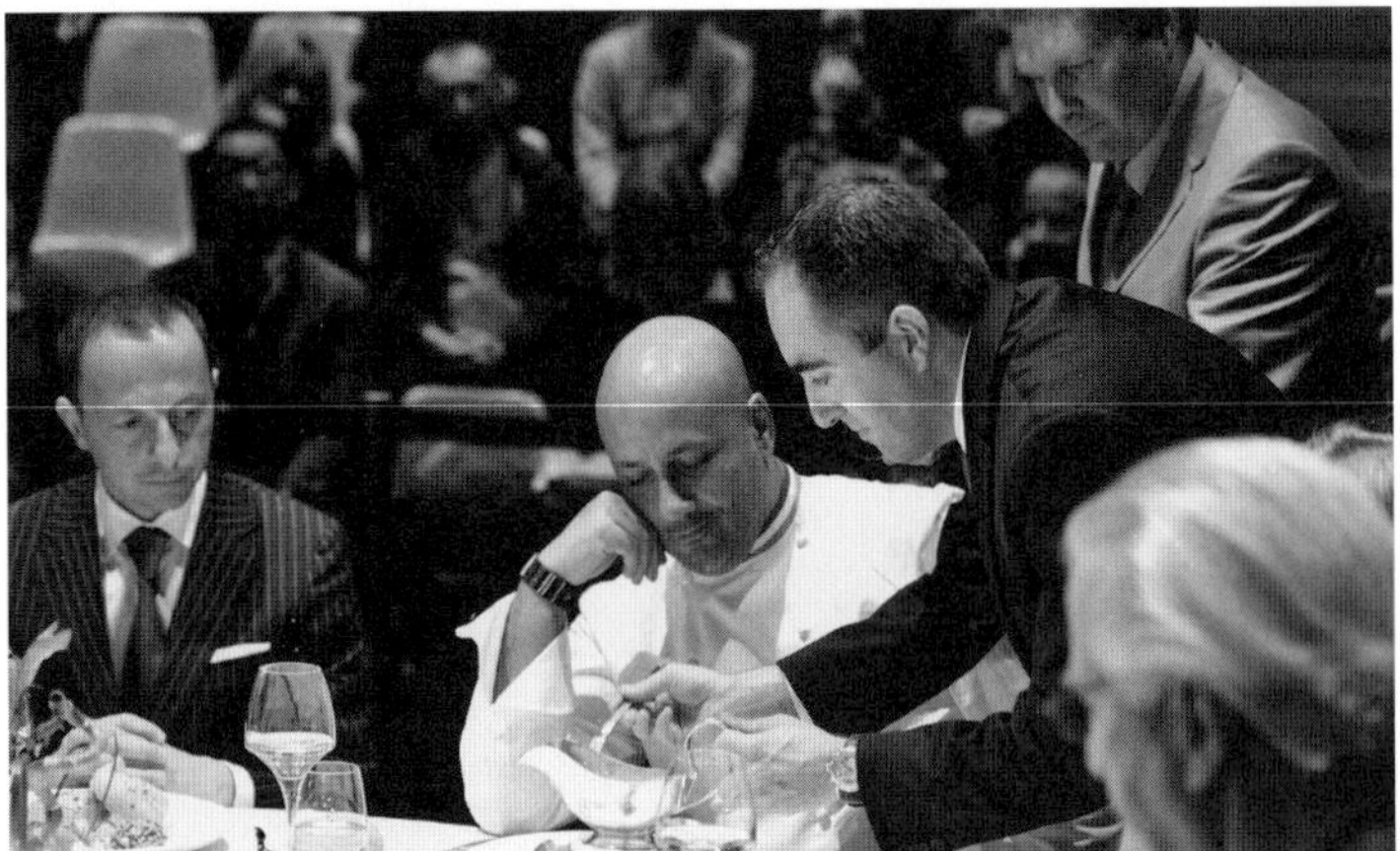

英国式サービス。2011 年 3 月にストラスブールでおこなわれた第 2 回ポール・エーベルラン・コンクールにて。選手であるメートル・ドテルが、顧客に扮した審査員ひとりひとりにソースをサービスしていく。このコンクールは、個人ではなく、美食系レストランを対象とし、参加レストランの料理人、ソムリエ、メートル・ドテルが三位一体のチームを組んで、レストランとしての総合力を競い合う。

切り分けサービスに使うワゴン「ヴォワチュール・ド・トゥランシュ」のカバーを開くと、切り分けプレート（白く見える部分）がある。その隣の円筒はソースの保温器。切り分け台の下にアルコール・ランプなどの熱源を備え、サービス中に料理が冷めないよう配慮されている。主に、大きなブロックごと調理した肉料理を切り分けるのに用いられる。

ゲリドン・サービス。ロシア式サービスともいう。食卓の脇におかれたゲリドン（小卓）上でナイフとフォークを使い、鶏をデクパージュしている。2010年「メートル・ド・セルヴィス杯」コンクール決勝にて。

のウェリントン風牛フィレ」というパイ皮包みの牛フィレ肉、「仔牛のカレ〔骨付きの背肉〕」「ソーモンのクリビヤック〔パイ生地かブリオッシュ生地で包んだ鮭のパテ〕」など、その他多数にわたる。

ゲリドン・サービス

ロシア式サービスとも呼ばれる。顧客の目の前に置かれたゲリドン上で料理やデザートをさばいて見せ、きれいに盛り付けて一人一人に供する。顧客にとっては一番の見ものである。これこそ、メートル・ドテルが備えるべきあらゆるプロフェッショナリズムと巧みな手際とを余すところなく示せるサービス・スタイルである。このゲリドン・サービスで供される料理には、たとえばフォワ・グラのテリーヌ、舌ビラメのグリル、塩の衣を着せたスズキ、フランベしたポワーヴル・ソース添えのステーキ、ピジョン〔鳩〕、そして狩猟が解禁されている季節のキジや鶉のロースト、野ウサギの背肉の切り分けなどがあった。デザートにもバナナ・フランベ、サンク・エピスで香りづけした洋梨のフランベなどいろいろあったが、なんといってもラムでフランベしてポシェした〔沸騰前の温度で茹でること〕果実を添えたババが素晴らしかった。

このレストランは、チームで働くことを学ぶ上で実に優れた学校だったと言える。仕事はすみずみまで組織化され体系化されていた。自分が次になにをするべきかを予測するという、サービスにとってきわめて重要なポイントを学べたことはもちろんだが、なによりも体よりもむしろ頭を使って仕事するべきであるという点を骨身に沁《し》みる形で学べたからである。頭を使わなければ、その報いはすぐにやってきた。厨房とホールの両方で厳しい叱責を浴びながら、往復三十四段の階段を上下し、通路を早足で往復しなければならないという形で！

一階にあるサロン・ド・テでのサービスは、ずっとくつろいだ雰囲気でおこなわれた。同じ階の美食系レストランでのサービスは、控え目かつ効率的でなければならず、さらに格式を重んじつつも注文された料理ごとに異なるサービス・スタイルを妨げることなく顧客の要望を先読みして動くことが求められた。一方、午後のこのサロンには、おもに作家とか記者、暇な知識人や老人といった常連客、つまりは時間をもて余し気味で、ただおしゃべりがしたいだけの顧客がほとんどだったから、サービス側はぐっと緊張をゆるめられたのだ。サービスチームは、メートル・ドテル一名、シェフ・ド・ラン一名、コミ一名、女性が二人――この女性たちは、紺色の制服に刺繍で縁取られた白い小さなエプロンと、髪に白いかぶりものを着けて、ちょうどブルジョワ階級の邸宅に雇われている小間使いを思わせる出で立ちだった。彼女らの担当はパティスリの販売で、テーブルからテーブルへとパティスリを載せたワゴンを押して歩く――これに加えてクローク係の女性一名という小ぢんまりとした編成だった。クローク係は顧客を迎え入れる際にメートル・ドテルを補佐するとともに、ときにタバコを入れた籠を下げてサロンを歩いてこれを販売した。なんと時代は変わったことか、現代ではタバコを吸いに歩道へ出なければならないのだから！　サロンでは顧客同志が多少とも知り合いなので、店内は親し気で温かい雰囲気だった。とはいえ常連客にはそれなりの習慣があって、なじみのテーブルに案内するとか、必ず湯を入れたポットを余分に供するとか、トーストを一枚だけ余計に焼いておくとか、それとなく気を使わなければならなかったものだ。

サービスチームは、こうした常連客のうちの何人かに、多少ともその人物の特徴を示すあだ名を内々でつけていた。もちろん、意地悪い気持からではない。私は、「テクニカラー」とあだ名がついた年配の女性の常連客が、午後になるとほとんど毎日やって来るのを楽しみにしていたものだ。この婦人は確かにいつもいろんな色をあしらったドレスを着用して現れたのだが、そのあだ名は服装からというよりむしろ、ほほ紅、おしろい、真っ赤な口紅を奔放なまでに駆使した人目をそばだてずにおかない化粧と、派手なことこの上ない何本かのネックレスと巨大なイヤリングの組み合わせとに由来していたと思う。彼女はいつも笑みを絶やさず、粋で、香水の香りをぷんぷんふりまいて登場した。きっと、みんなの注目を浴びたくてしかたなかったに違いない。そして、お定まりの席に着くと決まってバッグをかたわらに置く。赤い革張りのベンチシートの上に置かれたそのバッグの口からは、いつも小型のダックスフントの栗色をした小さな鼻づらがのぞいているのだが、私はその犬の全身を、ついに見たことがない。彼女はきまってショコラ・ショー〔チョコレートを溶かした温かい飲み物〕を注文し、私は普通よりチョコレートの分量を多めにして作ってあげていた。ショコラ・ショーに合わせてパティスリも二、三個注文していたから、この婦人はきっとかなりのグルメだったのだろう。そして彼女は、パティスリのかけらを目立たぬようにヴォスコという名のあの忠実なダックスフントにやるのだが、私は、ヴォスコがクスンとも鳴き声を上げるところをついぞ聞いたことがなかった。

　舞台にたとえれば、ここでは私たちが顧客から観られる俳優であると同時に、私たちこそ顧客の会話やふるまいを見聞きする観客でもあるという相互の密やかな共犯関係が醸《かも》し出されていたのだ。私は、こうしたサロンの雰囲気が大好きだった。

一方、地下のプライベート・クラブでの仕事は、一階の世界とは完全に違うものだった。まず、仕事は午後六時から始まって、早朝の五時に終わる。そこでの顧客のスタイルは一階の顧客とは違っているから、当然ながら仕事の雰囲気も変化して、そのことが私を楽しませた。同じホール・サービスといっても、まったく別経営の三つの店にいるような気がしたほど、顧客とサービス側の関係性は異なっている。たとえば、一階の美食系レストランにおけるビジネスランチでのサービスは、顧客にしてみれば食卓で商売上のアプローチを進めることが目的なのだから、昼食後のサロン・ド・テに集まる人々へのサービスとはおのずと異なる。レストランでは、サービス側は顧客と一定の職業的な距離感を保ちつつ、一歩引いた儀礼的なサービスを供するべきであるのに対して、サロン・ド・テでのサービスは、知識人や現役を引退して安楽な老後を楽しむ顔見知りが集まってワイワイ美味しいものをいただいているような雰囲気作りが大切なので、ぐっとリラックスした気分を醸《かも》し出す必要があるのだ。そして、この地下のプライベート・クラブでのサービスは、上二つとも完全に異なっていた。綿でくるまれたような甘いBGMが流れる中、サービス側としてはいつでも陽気にふるまって会食の楽しさを演出することが必要なのだが、個人的な感想を言うならば、浅薄かつ表面的に思えるほどの社交性がしばしば要求されたのだ。

プライベート・クラブに行くためには、一階の美食系レストランのホールへの入口から始まる大階段を降りなければならない造りになっていた。この配置のおかげで一階のレストランの顧客は、地下のクラブへ出入りする芸能人や芸術家をかいま見ることができるのだ。レストランの顧客にとって、食事しながら見覚えのある有名人を現実にひょいと見かけたりできることが、食卓でのなかなかに魅力的な気晴らしになっていたのである。

このクラブについては、それこそいろいろな思い出がある。その中でとりわけ印象に残っているのは、俳優のジャン・マレーが到着したときだ。あの大階段を降りていく彼の身ごなしとその着こなしとは、まことに優雅の極みでみごとだった。また映画『007ゴールド・フィンガー』のプレミアム・カクテル・パーティが、この映画を製作したプロダクション主催でここを一晩貸し切り、主演のショーン・コネリーを招いておこなわれたときのことも思い出す……。

顧客のほうも、いささか芝居がかった態度や居住まいでいることが目についたところを見ると、彼らはこの地下のレストランを、ちょっと舞台か映画の一シーンであるかのように見立てて出かけて来ていたのではなかっただろうか？ この夜の世界で顧客から出される要求は、顧客の人柄と比例していることがしばしばだった。全体としては、大家族がじつに久方ぶりに一堂に集い、互いにいろんなお祝いを言い合っているような雰囲気で、それが毎晩繰り返されるのである。サービスチームはといえば、彼らが自宅の居間にいるかのような楽しさとくつろぎをもたらすべく、彼らの望むところは何か、細心の注意を払って感知するように心がけていた。

こんなこともあった。ある有名なフランス人男優が、当時まだ珍しかった自動車電話つきの派手な米国製オープンカーを乗り回していた。彼はその車載電話を使うのがうれしくて、クルマからこのプライベート・クラブのバーへ電話をかけ、お気に入りのカクテルを注文しては大いに悦に入っていたのだ。この男優がクルマから電話してくると、チーフ・バーマンのヴィクトールは、おもむろにドライ・マティーニを用意し始め、彼が到着するピッタリのタイミングでバーカウンターの上に出せるようにしていたものだった。

片田舎で、大都会の灯に憧れながら、羊や家鴨の相手をしていた半ズボンの少年が、多少の道のりを踏破してついに夢をかなえ、いまやこの夜の世界に指を触れていた。そこは誘惑に満ちた世界だったが、私は決して歩むべき道を踏みはずさなかった。クラヴェ夫人のこんな言葉を思い出していたからだ。「君が仕事の経験を重ねていく中で出会うどんな顧客とも、絶対に同化してはダメ。いつでも自分が喜んでサービスしていることを示すことは大切だけれど、絶対に媚《こ》びへつらわずに、自分の職業と顧客が属する世界とのあいだに想像の糸を紡ぎ出して境界線にしておくの。そうすれば、必ず正当に評価されて、絶対に失望することはないんだから」

私は、この教えをあくまでも尊重し、顧客から示される親密の情に悩まされることなく本来の仕事に集中するように努めた。クラブへやってくる有名な芸術家や芸能人に、一度たりともサインをねだったりはしなかった。

しかし同僚だったフランソワは、夜の過ちを犯してしまった。彼はパリ生まれで、私と同じチームで働いていた。都会育ちらしく機転が利いたけれど、反面、慎みに欠けるところもある若者だった。私たちはなぜか気が合って、午後の休憩時間などには、当時の言い方で「フリッパー」と呼ばれていたピンボールをしに何回か一緒にバーへ行ったりもする仲だった。そのうち、彼は夜の仕事が終わったあと、プライベート・クラブの顧客だった若いミュージシャンや歌手たちにつき合ってまっすぐ帰らないことが多くなってきた。私も彼らからは誘われたが、いつも断っていた。仕事と私的な時間での外出を峻別しておきたかったからだ。フランソワは、次第にいるべき場所からそれていった。頻繁に仕事に遅刻してくるようになり、ついにはまったく出て来ない日も目につき始めたのだ。もちろん、こんな状態は長続きせず、じきにディレクターのオフィスへ呼び出され、態度を改めないようなら馘首すると言い渡されてしまった。そしてその数日後、それは現実のものとなったのだった。私が十八歳のときだった。実に印象強烈なできごとで、私は改めてこれまでに受けてきた教育を肝に銘じたものだ。

5 「ラ・グリーユ」

英国そして兵役

「エリゼ・マティニョン」での勤務が一年を越したころ、メートル・ドテルのオリヴィエ氏が将来に関する私の相談にも乗ってくれ、私の初心者レベルの英語力を磨くために英国へ渡って仕事することを勧めてくれた。私は、これまで自分の経験を伝授するために時間を割いてくれてきた彼を深く尊敬していたので、従うことにした。彼は、英国カンタベリーに住んでいる知り合いで、その町のゴルフクラブでディレクターを務めている人物に私を推薦してくれた。こうして、私はシャン＝ゼリゼの小宇宙から、緑豊かな、霧にかすむ断崖絶壁のケントへと渡ったのだった。

英国ケントのゴルフクラブの顧客たちはおしなべて礼儀正しく、パリで働いていたときに経験した顧客たちに比べると、わがままな要求がはるかに少なかった。私は、これは場所柄からくるのだろうと思ったものだ。このレストランにおける私のサービスは顧客たちにたいへん受けがよく、彼らは親切に私のフランス語訛りの英語のアクセントを直してくれた。出身地について尋ねられ、フランスについて話してくれとねだられることも一再ならずあった。

食習慣の違い、たとえばクランベリーソースを仔羊に合わせたり（フランスではジビエ（野禽獣）に合わせる」、冷製ソースであるミントソースを温かい料理に合わせたり、チーズにパンではなく、ピクルスとともにクラッカーを供し、しかもチーズはデザートの前ではなくあとにサービスするなど、大いにとまどったものの、私は、ノルマンディのどこかにありそうなこの街を好きになっていた。

しかし私の滞在は、到着からたった五か月後に終わりを迎えざるを得なかった。フランス政府当局から、召集令状を受け取ったからだ。私はサンリス〔フランス北部の都市〕に駐屯しているピカルディ連隊に出頭し、そこで兵役の義務を果たさなければならなかった。

当時、兵役義務は十六か月間だった。二か月余の予備的な軍事調練ののち、シャンティに近い兵営でサンリスにある将校クラブ——ここに駐屯している将校と下士官が食事したり気晴らししたりする食堂とバーが併設された施設——にバーの責任者として配属された。

ここでのほぼ一年間にわたった仕事は同じことの繰り返しが多くて、しばしば、ときの経つのがいやに遅く感じられたものだ。とはいえ、この職場ではミシェルという良き友に出会うことができた。彼とは兵営で出会ってからもう四十年にもなろうというのに、いまだに行き来を絶やしたことがない。ミシェルは現在、北部フランスで子息と大きな農場を経営している。

将校クラブで過ごした一年間は、私に軍隊という世界が極端な階級社会であることを教えてくれたが、豊かで人間的な新しい体験と出会いをももたらしてくれた。バーのカウンターのうしろでは、「コントロールするのは私の番」というわけだ。そこで仕事しながら私は、シャツや上着に縫いつけられた階級章によって立場の違いを明示された場合、人間がどんな態度をとるかについて、いろいろな話を聞き、かつ実際に彼らを眺めて研究することができた。

この軍役期間を通じて、バーマンとしての私の役割を果たすためには、あの「あるべき知恵を示す三匹の猿」に倣《なら》う必要があることを学んだものだ。つまり、「悪しきことは、見ざる、言わざる、聞かざる」で通すのである。そうすれば、善きことしか身の周りにはやって来ない！

レストラン「ラ・グリーユ」

兵役後、私は食関連の業界での仕事を再開した。このとき私は、初めてパリにやってきた頃、ある経験豊富な老メートル・ドテルが私に言った言葉をあらためて噛みしめていた。彼はこう言ったのだ。「お若いの、旅に出なよ、そして、せいぜいいろんなサービスのスタイルを学ぶこった」。この場合、「旅に出よ」というのは「サービスマンとしての働き先を意図的に変えろ」という意味である。「異なるサービス・スタイルを学ぶ」ことは、言わずもがなではあるが、メートル・ドテルを目指す以上、サービスのプロフェッショナルとして進歩、進化し、完璧を期さねばならず、そのためにはこの世界でさまざまな経験を積んでゆくことが必須なのである。

私はレストラン「ラ・グリーユ」で再びホール・サービスのコミとして再出発した。これは、レ・アル（食品市場）の近くにあった美味追求型のビストロである。

このレ・アルのビストロの雰囲気を、どう書いたら伝わるだろう！　食事のためのホールは、部屋のぐるりにテーブルが配され、壁際はすべて栗色の革を張ったひとつながりのベンチシートで、テーブルをへだてたその向かいには、田舎風の椅子席がしつらえられていた。そのほかに小サロンもいくつかあった。小サロンは、飾りガラスをあしらった木製の衝立でこのホールとは仕切られている。

ホールの四面の壁には、ちょうど電車の網棚のように鍛鉄製の手摺がついた飾り棚がめぐらされていて、そのところどころに飾り絵を焼きつけた大きなグラスがそびえ立っていた。顧客はこの棚の上に帽子や手袋、鞄、傘、そのほかの手元に置いておきたいと思う小物を、食事のあいだ、載せておくことができるのだ。

サービスチームは、オーナーはもちろん、メートル・ドテルからコミに至るまで、同じ白いワイシャツにお揃いのネクタイ、黒いスラックス、そして大きなポケットが両脇についた黒地のタブリエ〔丈の長い前掛け〕という姿だった。このタブリエは、注文伝票の束やソムリエ・ナイフ、および厨房から出る熱い大皿や皿を運ぶのに欠かすことができないリトー〔サービス用の大型の布巾〕をしまっておくのに重宝したものだ。

レストランの入口には、錫製の天板を張ったきわめて古いバーカウンターがあった。そこには、十九世紀から二十世紀初頭にかけて使われた、現代ではコレクション・アイテムになっている小さな蛇口つきの水入れが備えつけられていた。これは、一九十五年には禁止されてしまったきわめてアルコール度の高いアニス酒、かの悪名高いアブサントを飲むときには不可欠の道具だった。つまり、この酒を飲むときは、グラスに角砂糖を入れ、その上に滴々《てきてき》と水の滴を垂らして溶かすのだが、蛇口はそのためのものなのだ。アブサントについて、道徳派は「この酒は人の気を狂わせ犯罪に走らせる元凶で、人間を獣に変えてしまう。我々人類の将来にとっては脅威そのものである」と論じたのだった。

以上が「ラ・グリーユ」の主な道具立てである。料理のほうは、日替わり料理が基本だった。毎朝早

1967
LA GRILLE dans le
quartier des Halles, de la
Bourse et de la Presse,
un bistrot gastronomique
(zinc, simples chaises, écre-
visses, omelettes aux mo-
rilles), pour clients « écono-
miquement forts ». Tailleurs
élégants et souples de style
Chanel.

シャネルとのタイアップ広告。「ラ・グリーユ」の入口にあったバーで撮影された。左上のチョッキに黒ネクタイが筆者。グラスを勧めているのはソムリエのロジェ氏。錫張りのカウンターが見えている。キャプションには「レ・アル、証券取引所、新聞社が集まる地区の美食系ビストロ『ラ・グリーユ』（錫張りのバー、シンプルな椅子、エクルヴィス〔小エビ〕、モリーユ茸のオムレツ）、お客さまの財布にとてもやさしい店。写真のスーツは、エレガントでフレキシブルなシャネル・スタイル」とある。

い時間に料理長みずから、径の小さな車輪を両脇に一つずつ取りつけた手押し車——これは箱ものを運搬する道具で、「ディアーブル（悪魔）」と呼ばれていた——を押しながら、商店がひしめきあい食品があふれかえっている通りへ繰り出して仕入れにかかるのである。これは一九六〇年代のパリ一区レ・アル近辺の日常風景なのだが、私はこう書きながら、幸運なことに二度も見学の機会を得た日本の巨大な築地魚市場の、あの慌《あわ》ただしい熱気あふれる雰囲気を思い出さずにはいられない。

毎日、異なる料理で構成されたメニューが大きなアルドワーズ〔その日の料理の内容を書く黒板〕に書き出され、顧客はそれを見て好みの料理を注文した。「ラ・グリーユ」の料理は、まさに市場の料理以外のなにものでもなかった。ワインリストに関しては、ワインの全権を握るソムリエのロジェ氏が仕切っていて、彼はかたくなに二つの銘柄しか出さなかった。つまり、サンセールの白とボジョレー、それもブルイ〔ボジョレー地方のワイン産地の一つ〕の赤だけだった。彼はこの二つを産地の生産者から直接に買いつけていて、樽ごと仕入れていた。そして彼自身が手ずからワインを瓶詰めし、ラベルは貼りつけずに供していた。顧客はこのワインを、あまりうるさく制限されることなく——ということは節度をわきまえる必要もなく——試し飲みできた。血中アルコール含有濃度についての厳格な規則などというものは、まだどこにも存在しなかったのである。昼食にやってきたビジネスマンたちが午後もずっとテーブルに居続け、バーの当直者が休憩をとろうにもとれない状態にしておいて、なにがしかの冷たい飲み物、つまりシャンパーニュとかリキュールとかオー・ド・ヴィ〔「命の水」、透明な蒸留酒〕などを出させるということも頻繁《ひんぱん》にあった。そして彼らは、私たちが午後七時ごろから始まる夜の部の仕事のために戻って来ても、まだ席から動かずにいて、そのまま夕食になだれ込むことも珍しくなかった。今日ではこのような雰囲気を現実に味わうことなど、もはや不可能だと思う。

食事どきは、いつでも活気に満ちあふれていた。昼食時になるとチュニジア人のアリなる人物がチェシア帽〔房飾りのついた縁無し帽〕に三つ揃いのスーツという出で立ちで登場し、彼が言うところの「麗しき東洋の絨毯」なるものをビストロの顧客相手に売りにかかった。

アリは降っても晴れても必ずやって来て、まずは、黒いタブリエをつけていつもバーの会計カウンターのうしろに陣取っているビストロのオーナー、ノーブル氏を相手にサンセールの白ワインで乾杯する。それがすむと肩に売り物の絨毯をかつぎ、食事の客とサービスチームとでごったがえしていると言っていいほどにぎわうホールに入って来て、おもむろに部屋全体を眺めるのだ。そして、その日の営業の舞台となるテーブル――場合によっては複数のテーブルのこともあったが――に狙いを定める。不思議なことに、彼がその狙いを誤ることは滅多になかった。勢いの赴くところ値段の交渉が自然に発生し、アリは顧客に向かって親しげに二人称単数形の人称代名詞で語りかける〔フランス語では、目上や見知らぬ相手に話しかける場合は、二人称複数形を使うことが礼儀とされる〕のだけれど、誰もその無礼を咎《とが》め立てなどはしない。その様子は、チュニジアかエジプトの活気あふれるスークを髣髴《ほうふつ》とさせた。毎日繰り返されるこの即興的な寸劇は、いかにもレ・アルのビストロという雰囲気を醸《かも》し出す一要素になっていて、多くのビジネスマンたちや一見の顧客たちを大いに楽しませていた。それにしても、あんな場所で、五回に四回は絨毯の販売交渉が成立していたのが、今もって不思議でならない。

夕食どきになると、雰囲気はぐっとロマンティックになる。それはジャクリーヌに負うところが大きかった。「幸せ売り」と私がニックネームを奉ったこの女性は、いつも花をあしらったドレスに、その赤毛を色とりどりのリボンで結っていて、あたかも幸福を呼吸しているかのようだった。毎日宵の口に仲間のアコーディオン弾きを伴ってやって来て、いかにもパリを偲《しの》ばせるシャンソンを二、三曲唄って聴かせるのだ。唄い終わると、手にした柳の枝で編んだ篭から、季節に応じて菫《すみれ》や黄水仙、薔薇などの小さな花束を取りだし、連れを喜ばせようと心をくだいている幸せな紳士たちに売って歩くのである。ひとしきり売り終わると、彼女はその粋な喉を聴かせに、この界隈の別のレストランへと向かうのだ。

当時人気のあった大道商人で、大衆芸人でもある「二十日鼠爺さん《ル・ペール・ラ・スーリ》」もまたときどきやって来ては、顧客に物語を話して聞かせたものだ。話が一段落すると、手品を演じながら、テーブルからテーブルをまわって行く。料理の合間に現れては顧客に気晴らしを提供し、かつ楽しませる現代のトルバドール〔中世の吟遊詩人〕。彼は最後に必ず得意の小さな機械仕掛けの二十日鼠を取りだし、ぜんまいを巻き上げると、テーブルの上の皿やグラスのあいだを走り回らせては顧客に買うように勧めるのだ。彼の鼠たちと同じ灰色でダブダブの燕尾服を着て、メロンを半分に断ち割ったような半球状の帽子をかぶった出で立ちで……。

もてなしも、会食の楽しみも、そしてホール中にあふれていたさまざまな料理の匂いさえも含めて、ありとあらゆる要素が、レストランというものの評判を創り上げていた、そんな時代だった。いろんな料理の匂いがホールにまであふれていた理由は、顧客の面前に据えたゲリドン上で料理の仕上げや切り分けが頻繁《ひんぱん》におこなわれていたせいである。あの活気に満ち満ちた過去の日々に思いを馳せるとき、ゲリドン上で仕上げられていく料理の風味をありありと思い出して、私はいまでも口中につばが湧きあがるのを抑えられない。ゲリドン・サービスはまさに、メートル・ドテルのノウハウの結晶ともいうべき作品なのだ。マルセル氏とレイモン氏、この二人のメートル・ドテルの責任者から私がゲリドン・サービスの方法を叩き込まれたのは、まさにこうした祝祭的な雰囲気のただ中だったのである。

この店でゲリドン・サービスによって供した料理は多かったが、その中からいくつか紹介しよう。

仔牛の腎臓、ボジェ風

「ボジェ」は、バル・ド・ロワール地方の村の名前。片手鍋に丸のまま入れた腎臓を厨房で「血が一滴したたる」程度に火入れしておき、顧客の面前ではコニャックでフランベして仕上げる。「血が一滴したたる」程度というのは、ミディアムになるくらいまで火入れするものの、まだ多少はレアっぽさが残る状態のことである。この焼き加減によって、口に含んだ際に食感として腎臓のやわらかさが楽しめる。フランベがすんだら腎臓を細かく切り分けて、あらかじめ温めてある二つの皿に盛って取り置く。

次にソースを用意する。まず、白ワインで片手鍋の底についた焼き汁をのばす（デグラッセ）。それから、フォン・ド・ヴォー少々、マスタード、生クリームを加えて煮詰めつつ、塩・コショウで味を調え、くるみ大のバターひとかけを溶かす。続いて、このソースの中に細かく切り分けておいた腎臓を、厨房であらかじめ焼き色をつけておいたマッシュルームのエマンセ（薄切り）と一緒に入れて再加熱する。

ポ・ト・フ

牛のばら肉、すね肉、あるいは肩ロースをマルミット〔深めの両手鍋〕に入れ、ジャガイモやカブ、ニンジン、ポロネギなどの野菜と一緒にブイヨンでよく煮てからゲリドンで切り分け、深い皿に盛りつける。これに骨髄入りの牛のすね骨をあしらい、焼き色をつけたパンとグロ・セル〔粗挽きの塩〕とともに供する。

アルマニャックでフランベしたヤマシギ、フォワ・グラを添えて

狩りの季節になると、シェフはレストランの前に鉄格子を立て、そこに十九世紀の肉屋の店先と同じように、牝鹿や子猪、野ウサギやキジ、そしてヤマウズラをぶら下げる。それらのジビエ（野禽獣）は、朝、レ・アルの食肉部門と禽獣部門で仕入れてきたものだ。この野晒しにする習慣は、絞めたばかりのジビエが入荷し、寒冷で乾燥した空気に何日間か晒《さら》して熟成中であることを道行く人々に誇示するために生まれた。キジやヤマウズラであればローストする前に、シヴェ（煮込み）にする牝鹿や猪や野ウサギなら香草を加えた赤ワインに漬け置きにする前に、身をやわらかくするために寒冷で風通しのいい場所に吊り下げておくのである。これを調理用語では、フザンデ〔フランス語で雉を意味するフザン（faisan）から派生した動詞〕と言う。

レストランのホールでは、その日の献立を記した大きなアルドワーズをテーブルからテーブルへと

持ち回りながら、私たちサービスチームは「野ウサギの背肉、胡椒ソース添え」とか「キジとヤマウズラのカナッペ」とか、この店の得意料理である「アルマニャックでフランベしたヤマシギ」などを顧客に勧めたものだ。顧客のほうは、この季節、料理そのものもさることながら、それと同じくらいに自分の目の前でゲリドン・サービスをおこなうメートル・ドテルの手さばきを楽しみに来店したのである。

脚が短く嘴の長いヤマシギは渡り鳥で、今日では絶滅危惧種に指定された保護鳥になっているから、レストランでの販売は禁じられている。しかし、当時は違っていた。古典的な料理では、四日から六日のあいだ、寒冷な部屋で脚を上にして吊り下げる形でフザンデしたものだ。こうすると、身がぐっとやわらかくなり、風味豊かな出汁《だし》が得られるのである。

メートル・ドテルのマルセル氏は、ゲリドン・サービスのスペシャリストだった。ヤマシギは、片手鍋に入れられて厨房からホールに届く。すでに金色に焼き色がつけられているが、モツはまだ除かれてはいない。マルセル氏は、最初にこれをアルマニャックでフランベし、次に切り分け、あらかじめとても熱くしておいた二つの皿に取り置く。それからモツを細かくカットし、フォークで潰してピュレ状にしていく。その作業のかたわら、このピュレの一部にフォワ・グラ少々を混ぜ合わせる。カナッペに塗るためだ。残りのピュレは、厨房であらかじめ用意しておいたソース「フォン・ド・ジビエ」に加え、次にフォワ・グラを細かいサイコロ状に切って片手鍋に加える。ここから、マルセル氏はいよいよ仕上げにかかる。つまりフランベの直後に切り分けて皿に取り置いたヤマシギを、いま準備したソースの中に入れて再加熱するのだ。この際、風味を引き立てるためにムーラン（胡椒挽き）を数回まわして、粗挽き胡椒を振るのを忘れてはならない。なお、ヤマシギ一羽からは二人前を作る。そして、つけ合せにはカリカリした食感のジャガイモのゴーフルを供する。それから、顧客はこの料理をじかに指でつまんで食すのだから、フィンガー・ボールのサービスも絶対に忘れてはならない！

カルヴァドスでフランベしたタルト・オ・タタン

温かくして供するデザートで、つけ合せにはリンゴのグラニテないしリンゴのソルベなどを供する。

この時代へ郷愁というのではなく、私が知り得たあのような日々の雰囲気をいま再びどこかで味わえるとはとうてい思えない。あれから四十年を経るあいだに、完全に失われてしまった要素があるからだ。それは時間である。つまり、ものごとに時間をかけるということだ。当時の市場関係者は取引に時間をかけたものであり、それがレストランにとっては非常に大きな天の恵みだった。あの頃のレストランには禁煙という規則もなかったし、ダイエットもまだ流行しておらず、むしろ肥満体であることが社会的にある程度成功している証《あかし》と考えられていたのだ。また、ホールのサービスチームも厨房チームも、労働時間を測りながら仕事してはしなかった。その代わり、顧客たちは実に鷹揚でたっぷりとチップをはずんだものだ。

私は、自分の仕事に喜びをもたらしてくれたあの時代の、あの雰囲気を肯定的に見ている。あれはあれでかなり祝祭的な楽しい雰囲気の時代だった。しかし一九六八年五月〔いわゆる五月革命〕にフ

ゲリドン上で仔羊肉を切り分けたあと、フォーク2本を使って盛りつける筆者。重ねられた皿の数に注目。東京・代官山のレストラン「パッション」における2011年11月の大晩餐会にて。

ゲリドン上でのフランバージュ。デザートのクレープをリキュール「グラン・マルニエ」でフランベしている。2010年9月、ブルゴーニュ地方シャニィの三つ星レストラン「ラムロワーズ」にて。

ランスで起こった一連のできごとのあとで、とりわけ大企業での労使関係が変容してしまったことから、社会全体が激烈に変化したのだった。

食の業界も例外ではなかった。とはいえ、巨大官僚組織や大工場と異なり、食業界での労使関係の変化は急激ではなかった。ただし組合があるような超大型のホテル・チェーンは例外で、彼らは速やかに週に一日半から二日の休日を獲得した。

しかしこの業界全体の九十パーセントはいわゆる家族経営的な中小企業であり、五月革命後の一九七〇年代でも週休は一日だけだったのだ。のちに私が首席メートル・ドテルを務めることになったレストランでも、私がオーナーと交渉して、従業員全員が平日の夕方を週に一度、土曜日を月に一度だけ休めるようにできたのは、一九七五年のことだったのである。当時、法的にはそのような休日の規定はなく、中小企業の場合、法律上は週休一日で問題なかったのだ。もちろん、あの時期にそのような労使間の話し合いをもてたのは、一九六八年五月の大衆運動のおかげであり、経営参加の意識がちょうど広まりつつある時期だったこと、社会意識の変化を人々が感じ始めていたことが大きいだろう。ただ、その進行の速度は産業部門ごとに異なっていたのであり、食業界での変化はゆっくりと進展したのである。社会における進歩の速度は、まことに多様なのだ。それにつけても昨今の社会の大きな問題は、みんながケーキの焼き上がりを待つことなく、いきなりケーキを食べたがることから起こっているような気がしてならない。

ともあれ、この「パリの胃袋」が醸《かも》し出していた独特の雰囲気は、レ・アルが一九六九年にパリ近郊のランジスに移転したのを契機に完全に消滅してしまったのである。

そしてこの時代は、私にとって自分の将来を問い直すときでもあった。すでにドゥミ・シェフ・ド・ランになっており、収入も悪くなかったのだが、私は自分をさらに進歩させたかった。しかし、いまのサービスチームの状況では望みがなかった。シェフ・ド・ランのポストは満杯で、入り込めそうな余地はまったくない。

そこで、私もレ・アルと同じようにどこか違う地平へと旅立とうと決心した。私たちの業界には、「季節に応じる」という言い回しがある。これは、夏なら海辺のレストランで働き、冬にはスキーリゾートのレストランで働くという具合に、季節に応じて、それぞれのハイシーズンを迎えている場所で働き口を見つけて働くことを指す。私の場合には、その伝でいけば、四月から九月までのフランスにおける結婚のハイシーズンに応じて仕事場を変わったというべきだろう。

6　「シャレ・ド・ラ・ポルト・ジョーヌ」

それはパリ市東部ヴァンサンヌの森のほとりにある田園風の魅力的なレストランで、主に婚礼のバンケットと企業セミナーに特化した業態だった。私はそこにシェフ・ド・ランとしてデビューした。晴天に恵まれれば、顧客は、湖のほとりに点在している薔薇園の中にある食卓に陣取った。ここでの仕事はなかなか難しかった。私の周りにあるものは、ことごとくレジャーに関係するものばかりだったからだ。

もちろん、私が徒弟《アプランティ》時代を過ごしたロワイヤンのホテルもまた、ここ以上にレジャーに関係した場所柄だったのだが、あの当時と違うのは、私が結婚してまもなかったという点だ。五月から八月のいわゆる夏のシーズンのあいだ、私は週末も忙しく働き、帰宅時間もきわめて遅くて、妻ジョスリーヌの仕事時間とは完全に食い違ってしまったから、とても一緒にレジャーを楽しむことなどできなかったのだ。したがって、ヴァンサンヌの湖畔で楽しむたくさんの若いカップルやその家族の姿などが目に入ると、まだ新婚の私としてはうらやましくてしかたなかった。ロワイヤンでは仕事中でも海岸やホテルのテラスに家族的で祝祭的な雰囲気が満ちあふれていたから、当時の私にとってさえ休暇めいた感じがしたのだけれど、まだほんの少年だったので、とりわけ自由な時間を誰かと分かち合いたいとは思っていなかったものだ。結婚生活、つまり二人で一緒に生きていくことが、私の気のもちようをすっかり変えてしまっていたのである。

だからといって一年間の労働契約を満了しないことなど私にとっては論外で、一シーズンのあいだ、働く以外のことはありえなかった。私にとってここで仕事するメリットは、「ラ・グリーユ」の五倍の収入が得られたことだ。それは大きなモチベーションになったから、私はきわめてハードに働いた。すべての週末も仕事で埋まり、婚礼の宴が午前二時とか三時まで続くことも珍しくはなかった。

とはいえ、私にはここでの新たな仕事も楽しめた。「新しいレストランでは新しいサービスを」というわけで、この店では着席人数の多い大型のテーブルで食事を供するのに適した英国式サービスがおこなわれていた。つまりシェフ・ド・ランは、大皿に盛られた料理をテーブル・スプーンとフォーク〔ともに顧客が食事で使うものと同じで特別大きいものではない〕を使ってはさみ取り（これを「パンス」という）、着席している会食者の左手側から一人一人にサービスするのである。このサービス・スタイルだと迅速なサービスが可能だが、そのためには熟練したプロフェッショナルが不可欠でもある。ただし、十席を超えない小部屋や、季節の花で埋めつくされたテラス席の場合には、クロッシュをかぶせた皿を大盆に載せて厨房からテーブルまで運んでサービスした。また婚礼の宴席では、三、四人編成のアンサンブルが音楽を奏でて祝賀気分を盛り上げる中でサービスすることがよくあった。そんな中で宵の迫るまで仕事していると、自分も祝祭に参加している当事者めいた気持ちになったものだ。

晩夏が来てヴァンサンヌの森の木々の葉が黄色く色づくと、ここでの私の季節も終わりを迎えた。

私は二十二歳になっていた。ここで仕事した期間、婚礼その他のバンケット・サービスを組織立てて実践するという貴重な経験を積むことができたのだった。

私はパリ市内へ戻ることに決めた。シャン＝ゼリゼへと戻りながら、少々来し方を振り返ってみた。十四歳で田舎を出て以来、いささかの経歴を積みながら思春期から大人の世界へと歩を進めてきたわけだが、そこには四人の重要な女性――母、名付け親のアリーヌ小母さん、クラヴェ夫人そしてドゥラフォワ夫人がいた。私は、この四人に深い愛情を覚えずにはいられない。私が自分の運命に向かって漕ぎ出せたのは、母と名付け親の二人のおかげだったのだし、ドゥラフォワ夫人とクラヴェ夫人は人生における確固たる価値について私を教え導きながら、私が一人前になるのを助けてくれたのだから。

7 「オーベルジュ・ド・ラ・トゥリュイット」

私は、パリ八区のフォーブール・サン＝トノレにあるノルマンディ料理を売り物にしている本格的な美食追求タイプのレストラン「オーベルジュ・ド・ラ・トゥリュイット」に、シェフ・ド・ランとして雇われることになった。私の職業経験が評価されたのだ。

このレストランは、米国大使館や日本大使館が並ぶこの界隈でもとても評判の良い店で、『ゴ・エ・ミヨ』や『ミシュラン・ガイド』など、当時はもっとも信頼されていたレストラン・ガイドにも登場していた。周辺には、エルメス、サン・ローラン、ランヴァン、カルダンなど、多くのオート・クチュールの店が通りに沿って立ち並び、またオベリスクが屹立するコンコルド広場や超高級ホテルであるオテル・クリヨンにも近いという、きわめて豪華な立地だった。

そんな環境の中、この美食系レストランの雰囲気は、豪奢だが隠れ家的に密やかで、ちょうどノルマンディ地方の住まいのようだった。時代がついて黒ずんだ樫の梁材が目立つその建物は、花が咲き乱れる小さな袋小路にあった。自動車が進入してこないから閑静で、周囲は正面をオスマン様式〔十九世紀末にパリ市の大改造を主導した都市計画者ジョルジュ・オスマン男爵が始めた建築様式。六階建てで基本的に一階は店舗、三階と五階に鋳鉄製の柵を備えたバルコニーを配する。現代のパリの基礎的景観を構成する」で統一した石造りの美しい建物群に囲まれていた。

店は昼夜とも、大使館、オート・クチュール、高級プレ・タ・ポルテ、ビジネス、美術・文学関係の常連の顧客で常に満席だった。夕食には高級ホテルに逗留している外国人旅行者たちもノルマンディの地方料理を味わいにやって来た。

二十名を超す厨房とホールのチームの中に混じって、クローク係のベルト・カスタン夫人はひときわ精彩を放つ人物だった。アルマニャックの産地で有名なジェール地方の訛りをもち、背の高い、いつ見ても優雅できちんと髪を整えているこの女性は、まさにこの店になくてはならない名物だった。私がこの店で仕事を始めたとき、彼女はもう二十五年もここに勤めていて、顧客のことも含めて、この店のすべてを知りつくしていた。なぜなら、彼女は顧客に多くのサービスを供していたからである。顧客がやって来ると、コート、カバン、帽子、傘などを受け取り、背後の小部屋で各テーブルに対応した番号をつけた場所にそれらの品物を保管するのが彼女の基本的な仕事である。この時代の慣習で、彼女の収入は顧客からのチップだけだったから、顧客は店を出るときには寛大でなければならなかった。しかし、彼女はこの基本的な仕事以外にも、いろいろなサービスをこなしていた。たとえば、裕福な顧客が連れてきた愛犬のために餌を入れる椀を用意してやったり、てっとり早く食事して国民議会の議場へ駆けつけなければならない政治家から預かった上着のボタンがとれかかっていればそれを縫いつけてやったり、料理をこぼしてしまった不器用な顧客の汚れた衣服をシミ抜きしてやったり、ひっきりなしに頼まれるタクシーを要領よく呼んでやったり……。

こうした数ある仕事の中でも、彼女にとって一番重要だったのは葉巻の販売だった。当時は素晴らしい食事のあとには葉巻を嗜《たしな》むことが流行の最先端であり、まだ公共の場で喫煙することが許されていた。まことに時代は変わったものだ！　一年を通じて彼女の収入源はチップだけであり、つまるところ、彼女が提供するサービスに対する顧客の鷹揚さだけが頼みだったから、誰もコートを着ない夏になればチップもなくなってしまう。そこでカスタン夫人はオーナーとかけ合って、店内で葉巻と煙草を販売する許可を取りつけたのだった。彼女は、この当時、つまり一九六〇年代から八〇年代にかけて、人気が高かったブランドの紙巻煙草とハヴァナ産の葉巻を自腹で購入し、それに自分の取り分を上乗せして食事を終えた顧客に再販したのである。こうして彼女は年間を通じて、たとえ閑散期であってもやってゆけたのだった。課税対象外で労働規則がやかましくなかったがゆえに存在できたこのような職業は、いまやすべて消滅してしまった。今では、大きなレストランでクローク係がいるにしても、それは固定給で仕事する受け入れ担当者の女性か女学生のアルバイトであり、あの往年の魅力は望むべくもない。

ところで、このレストランの得意料理はノルマンディの地方料理だった。オーナーシェフのドラン氏もノルマンディのルーアン生まれである。以下に代表的なものを紹介しよう。

鴨のルーアン風

私たちサービスチームは、あの有名な「鴨のルーアン風」をサービスした。この料理は、「カナール・オ・サン」とも呼ばれる。カナールは鴨、サンは血液の意。ルーアンは鴨の名産地の一つで、窒息させた鴨のカルカス（ガラ）に残った血を搾ってソースに混ぜて使うので、この名がある。カルカスから血を搾るには、この料理専用のプレス器を使う。十九世紀初頭に考案された料理で、ソース作りはゲリドン・サービスによって一からおこなう。

私は、メートル・ドテルが顧客の面前に据えられたゲリドンでソースの準備をしているあいだに、やはりゲリドン上で鴨の胸肉をそいで薄切りにすること、調理用語で言えばエギュイエットに切り分けることを学んだ。この胸肉のあとには、二の皿として、マスタードをからめてオーブンで焼いたもも肉に、ジャガイモの小さなガレット（厚めに焼いた円盤状の菓子を指すが、ここではジャガイモのピュレか薄切りをガレットの形に焼いたもの）とメスクラン（南仏起源のミックス・サラダ）を添えて供する。

トゥリュイットのノルマンディ風

店名にもなっている「トゥリュイット（鱒）のノルマンディ風」はアーモンド・ソースで供するが、その皿のあとに、これまた有名なサン・タマン風フィレ肉と組み合わせることで完璧になる。このフィレ肉料理は、リンゴの小型タルトの上に厚さ二センチメートル、直径六〜八センチメートルの円形の牛フィレ（トゥールヌド）を置き、その上に帽子をかぶせるようにフォワ・グラをひと切れ載せ、全体にリンゴ酒シードルをベースにしたソースをかけ回して完成する。このレシピは、美食家としても有名な十七世紀のノルマンディの詩人、マルク＝アントワーヌ・ド・サン・タマンへのオマージュとして、ドラン氏が考案したものだ。

「オーベルジュ・ド・ラ・トゥリュイット」の外観スケッチ。同店のポスターには、「古き良きパリの中心でノルマンディの風情を。シェフ、ジャック・ドランがあなたにノルマンディ料理をご提供します（8~12 人用の個室あり）」と謳われていた。

「鴨のルーアン風」のための専用プレス器。鴨のカルカス（ガラ）を入れて上のハンドルを回し、残っている血液分を絞って「ソース・オ・サン」を作る。

スフレ
デザートはカルヴァドスで香りをつけたスフレで、これにはカットしたリンゴと自家製のマカロンを添える。こうした料理の数々が、美食系レストランが林立するパリにおいて、この店が提供するノルマンディ料理を完璧なものとし、引き立たせたのである。

プーレ・ア・ラ・フィセル
もともと焼肉担当シェフとして名を成したドラン氏が最高度にオリジナリティを発揮したレシピは、一九六〇年代に創造した「プーレ・ア・ラ・フィセル〔紐掛けした鶏〕」をおいてほかにない。丸のまま鶏の身を長手方向、つまり首から尻尾にかけて紐で縛り、レストランのホールに置いたロースターの中に同時に三羽吊るして焼くのである。鶏がほどよく焼き上がると、吊るした紐が焼き切れて鶏の身がロースターの下に置いた皿に落ちるところなどは、なかなかおもしろい見ものだった。皿は、つけ合せの小さいジャガイモを敷いた焼成土器である。吊るされてじっくり焼かれている鶏から、その皿の上に焼き汁がたっぷり滴《したた》り落ち、顧客の食欲を刺激してやまない美味しそうな香りが、ホール一杯に満ち満ちていくのである。
この店のメートル・ドテルは、鶏の焼き加減に気を配り、かつホールを活気づけなければならない。そしてホールでは、シェフがときどき厨房から出てきてはロースターに吊るされた上等な地鶏に焼き汁をかけ回し、そのついでに顧客と短い会話を交わしたりする。やがて皮がパリパリに、こんがりと金色に焼き上がった鶏は、会食者の目の前に据えられたゲリドンで切り分けられるのだ。

顧客はメートル・ドテルの手際に一斉に注目する。およそ一分間で、二つのもも肉とシュプレーム、つまり手羽つきの胸肉を切り分けなければならない。それが終わると、メートル・ドテルは顧客に好みの部位を尋ね、鶏の焼き汁をたっぷり吸い込んで黄金色に焼き上がっている小さなジャガイモを添えて供するのである。このとき、二つのソ・リ・レスを供するのを忘れないように！ ソ・リ・レス（sot l'y laisse）とは、「愚か者は（この部位を食べずに）そこにそれを残す」という意味で、鶏ガラに隠れた繊細な味わいのやわらかい肉の小さな塊を指す。伝えられるところでは、ヴェルサイユ宮殿のルイ十四世は、鶏のソ・リ・レスしか好まなかったと言われている。

この店で三年間シェフ・ド・ランとして務めたのち、私はメートル・ドテルに昇進した。このレストランの首席メートル・ドテル兼ディレクターであるレオン氏と次席メートル・ドテルであるジュリアン氏のかたわらで仕事することになったのだ。

新しい仕事は、顧客の注文をとり、部下の二人のシェフ・ド・ランを後見し、必要に応じてその仕事を手助けすること、そして顧客が快適に過ごせるように目立つことなく気を配りながら食卓をにぎわすことであり、ときどきは顧客の要望に応じて会話に加わることも役割のうちだった。また、特定のテーブル群に限らず、レストラン全体の顧客からの注文と、チーズを載せた大盆の管理ならびにレストラン内のあらゆる花卉管理全般を任された。

私は、数年にわたってレオン氏の薫陶を受けた。彼自身は二十年以上にわたって、パリで、しかもフォーブール・サン゠トノレ通りという、流行とプレ・タ・ポルテの発信地のど真ん中にあるこのノルマンディ風レストランの一角で、サービスのプロとして過ごしてきたのだった。年齢はすでに六十歳を超えていたが、サービスという自分自身の職業、顧客、オーナー、そして自分のチームを常に尊重し、そのことをいつでも態度で示している人物だった。サービスのプロとして四十五年間を超えるキャリアをもちながら、彼の仕事への情熱はまったく衰えを知らず、しかも常に静謐なまでの落ち着きを発揮していた。私は彼が仕事のことで愚痴をこぼしたのを聞いたことがなかったし、怒ったところも見たことがない。いつも静かにものごとを観察し、わずかな言葉で本質をズバリと衝いたものだ。

彼は、毎日仕事にかかる前、十二時十五分ごろからチーム全員を集めてミーティングをおこなっていた。全員が参加しなければならないルーティンで、制服に着替えてからバーの前に集合するのだ。全員がそろうと、彼はその日の予約リストを手にしっかりした足取りで現れ、まず素早く私たちの着つけを点検した。ほとんど注意などはしなかったが、靴がよく磨き上げられていない場合と小さなシミを見つけた場合は例外だった。また、誰かに叱責すべき点があれば、その日の仕事が終わったあとで自分のオフィスにその者を呼んで穏やかに話した。それが彼の方法であり、グループの前で一人をあげつらって自尊心を傷つけることなど断じてしなかった。全員ミーティングでは、彼から、その日のお薦め料理について優先順位の説明があり、ときどきは料理を顧客に勧める際の表現についても示唆してくれた。また、予約を受けた際に顧客から特別な要望があれば、それについても説明があった。そして締めには、「私は、今日という日を美しいものにしたい」と言うのだ。実に短い言葉だが、私には印象が強烈で、その後、私も使い続けることになった表現である。これが彼のやり方で、「君たちの仕事を君たち自身が楽しみなさい、微笑みを絶やさず、明るい気分をふりまきなさい、君たちが幸せなら、顧客も幸せを感じるのだから」ということを端的に語っているのだ。

レオン氏はまさにこの店のカリスマであり、国籍を問わずあらゆる常連客に知られ、かつ評価されていた。彼こそまさに、私がそのようになりたいと願ったメートル・ドテルなのである。私は彼の熟練したプロフェッショナリズムに圧倒され、憧れを抱いたが、彼のほうも私を評価してくれていたと思う。きっと、私の中に彼の若かりし頃を見たのだろう。


六十四歳でレオン氏が引退するとき、「オーベルジュ・ド・ラ・トゥリュイット」のオーナーは私に、首席メートル・ドテルの地位を継がないかと提案してくれた。このとき私は三十歳になっていて、この店の仕組みを十分に把握していた。私にとって、あれほど多くを学ばせてくれ、あれほど多くを伝承してくれたレオン氏の跡を継ぐことは大きな名誉だったし、大きな誇りだった。

私は、伝統を尊重することと変革の二つをおこなった。前者として、レオン氏がおこなっていた毎日のサービス開始前の十分間の全員ミーティングを続けた。これによってチームに一体感が醸《かも》され、その日の料理の販売についてチーム全体のモチベーションを上げることができると考えたからだ。また、チーム・マネジメントもレオン氏のやり方を踏襲し、不愉快な注意を仕事仲間が注視している場でおこなうことはしないように心がけ、必要なら私の静かなオフィスとか、レストランの中の第三者がいない場所を選んで常に密やかにおこなった。

新しい課題として、私には、ホールでの料理の販売方法とチームと顧客のあいだのコミュニケーションの方法について改善していきたいという思いが強かった。しかしそればかりではなく、厨房とホールのあいだの関係についても改善したかった。そこで、それぞれの仕事の基本は保持しつつ関係改善ができるよう、両チームが一堂に会する月一回のミーティングを組織した。

目的は二つあった。一つは、顧客からの要望に対してより的確に応え、両チームがぶつかる問題点の解決を図ることであり、二つ目は、厨房とホールという二つの異なる仕事に特有の難しさについて、両チームが互いに理解し合うことだった。私は店の中に対話が生まれることを望んだ。この月例ミーティングの結果、日常のささいな身ぶりにも目立った効果が認められるまでになった。つまり、同僚の一人がぶつかるかもしれない困難について、各人がこれまでよりも注意深くなり、自分が次の工程に引き渡す仕事が、その工程の担当者にとってやりやすくなるよう配慮するように変わったのである。このようにして私は、首席メートル・ドテル兼ディレクターという新たな職務を遂行していった。

新たな月例ミーティングを数回実施するうちに、厨房とホール、二つのチームの仕事に関して注意すべき日常的な細かい問題点以外にもわかったことがあった。やりとりの中でときどき厨房チームから発せられるあてこすりの裏には、彼らがチップの恩恵にあずかれない事実が隠れているということだ。この問題は、フランスのレストランの厨房とホールのあいだに常に存在してきた重大な亀裂といえるだろう。もっともそれは、軋轢《あつれき》というより、むしろ一種の嫉妬のあらわれではないかと思う。当時の労働規則を見れば、チップは顧客と直接接する従業員の占有と決められていて、たとえオーナーといえども厨房チームとサービスチームの両方に分割するという決定はできなかったのだ。そこで私は、この問題に関して、もし現状より良い合意ができれば職場により良い調和が生まれるし、各自の歩合を変えるつもりはないのだから、チップの一部を厨房チームと分かち合うことを検討するようサービスチームに提案した。

チームは熟慮ののち、私の提案意図に沿った回答を出してきた。チップの総額の二〇～二五パーセント相当額を封筒に入れて料理人たちに渡そうというのだ。こうして私は、毎週末、この封筒を料理長のポール氏に手渡すことになったのだった。

チップのゆくえ

一九六〇年代から七〇年代の本格的美食系レストランや高級レストランにおけるホール・スタッフの給与システムについて説明しておこう。顧客が料理に支払う勘定の十五パーセントがサービススタッフに支払われていた。例を挙げよう。カップルが一つの食卓について一〇〇ユーロ（もちろん当時はフランだったが、現在の通貨単位に言い換えておく）の夕食をとったとすると、サービス料が十五パーセント上乗せされて、顧客への勘定書きには請求額として一一五ユーロと書き込まれ、レストランはその額の支払いを受け取る。

この上乗せ分の十五ユーロが、ホール・サービスチームの給与の原資として一晩留保され、翌朝レストランのオーナーが、首席メートル・ドテルとその補佐である次席メートル・ドテルの立ち会いのもと、前日の現金収入のうち、この十五パーセント相当部分をホール・スタッフの給与として支払うのである。この日銭としての十五パーセントに加え、前日の昼と夜の二度のサービスで鷹揚な顧客が勘定を済ませたあとで皿に残していったチップも分配される。こうしたチップは、それを貯めておく箱の名にちなんで「プティ・トゥロンク」と呼ばれていた。

プティ・トゥロンクとは、ちょうど貯金箱のような、蓋に小さな細長い穴があいている大きな木箱のことである。これには南京錠がかけてあり、そこにメートル・ドテルかシェフ・ド・ランが、顧客が皿に残していったチップをとりまとめて入れておくのである。この呼び名は、フランスの教会ならどこでも見かける、慈善活動に熱心な信者たちからの奉納金を貯めておく「トゥロンク」と呼ばれる箱に由来しているものと私は想像している。

このプティ・トゥロンクに貯められたチップは、先述の十五パーセント分と同時に、スタッフの階層別に付与されたポイントに応じて各自に分配される。このポイントは店によって若干の異同があったと思われるが、私のいたチームでは以下の通りだった。

首席メートル・ドテル　十二ポイント
その他のメートル・ドテルとソムリエ　十ポイント
シェフ・ド・ラン　年功に応じて六〜七ポイント
コミ　年功に応じて四〜五ポイント

毎日十五パーセントのサービス料分とチップ総額との合計金額をチームの人数分のポイントの合計で割って、その日の一ポイントあたりの額が決まるのである。したがって、たとえばあなたがメートル・ドテルなら上記の体系では十ポイントだから、その額の十倍があなたの手取り額となる。私が勤めていたレストランでは、こうして計算された給与が毎朝支払われていた。しかし、こうしたポイント制を採用していたレストランの中には、週給として毎週の初め、つまり月曜日の朝にまとめて支払うところもあった。

このシステムでは、メートル・ドテルからコミに至るまで、売上が増えれば増えるほど手取り額も増える。もともとレストランでの販売〔具体的にはオーダー・テイキングの際に料理を説明して勧めること〕意欲を向上させるために導入されたのだが、効果としてはそればかりではなく、長時間労働を厭《いと》う者などいなかった。当時は誰も週当たり労働時間など気にせず、週に六十五～七〇時間も働くことがまれではなかったのだ。つまり、この職業では、長時間働くことがそのまま良い収入につながったのである。実際、当時は厳しい労働時間規制が存在しなかったし〔現在は週三七時間が義務づけられている〕、私が勤めた「ラ・グリーユ」でも、「シャレ・ド・ラ・ポルト・ジョーヌ」でもチップはきわめて潤沢で、サービスチームの誰も労働時間など気にしていなかったものだ。

しかしこのシステムにも、デメリットがあった。つまり、あくまでも日々の売上に対する歩合給だから、毎月の基本賃金が保証されているわけではないという点だ。したがって、私たちにしてみれば、勤め先には、評判が良くて固定客がついたレストランを選ばなければならなかった。とはいえ、一九四五年から一九七五年という、あの栄光の三十年間、レストラン業界は繁栄しており、固定客をつかむのはそれ以降の時期と比べれば容易だった。食の多様化が進んでおらず、顧客にしてみれば、ほかにあまり選択肢がなかったからである。

この業界の給与システムに変化が起こったのは一九八五年から一九九〇年あたりからだった。一般のサラリーマンと同じく、レストランのスタイルに応じた賃金表に基づく月給制と年間労働時間規制が導入されたのである。この変化は、給与の絶対額とそこでキャリアを築こうとする若者にとってのモチベーションの観点からすれば、レストラン・サービスという職業の魅力を薄めてしまったと思う。その反面、月一六八時間労働（新制度導入当時。現在では一四八時間労働）に基づいて月収が決まるから、収入ははるかに安定する。時代が変われば風習も変わるのだ！

このほかにも私はいくつかの改善をはかった。一九七〇年代から八〇年代にかけて、食業界の大多数は週休一日が普通だった。「オーベルジュ・ド・ラ・トゥリュイット」の場合、定休日は毎週日曜日だった。そこで労働条件を改善し、コミやシェフ・ド・ランの離職率を低下させるために、私はオーナーのドラン氏に対して、ローテーションを組んで日曜日以外に週一回夜の部を休ませ、かつ月一回土曜日を全休にすることと、その場合でも給料は減額しないことを提案した。

経営側は、人件費を膨らまさぬよう追加人員を雇用しないことを条件に、このローテーション・システムを了承した。料理長のポール氏は、この店に勤めて三十年を超えるベテランで、当初はこの計画を実行することに積極的には賛成しなかった。ただ、新しいやり方がうまく機能するかどうか見きわめたい気持ちはあったようだ。私が厨房チームの各メンバーに非番になる同僚一人分の仕事を埋め合わせるために少々余計に働くことを納得してもらうべく説いて回るのを助けてくれた。ホールのサービスチームに対しても、私が同様に働きかけたことは言うまでもない。私は、「君の自由時間を今よりもっと多くするために、もう少しだけ仕事量を増やしてくれないか」と説いたのである。

とはいえ、これは必ずしもたやすい仕事ではなかった。私はポール氏と一緒に、スタッフが士気を失わないように、ホールと厨房、二つのチームを再三動機づけなければならなかった。これは、特に私たち二人のうちのどちらかが不在の場合には難しい仕事だった。しかし効果は明らかで、現場の雰囲気は肌に感じられるほど改善し、両チームのあいだには以前よりもはるかに強い連帯感が生まれた。私は達成感を覚えた。両チームのメンバー全員が、この新たに手に入れた有利な労働条件を守り享受するために、それぞれの仕事の段取りを工夫するようになったのである。こうして、この新しい仕事のローテーション・システムは定着し、永続化していった。

「オーベルジュ・ド・ラ・トゥリュイット」で首席メートル・ドテルを務めた四年強のあいだ、私はチームを統率し、方向づけることだけでなく、チーム内に「良い仕事に喜びを感じる心」を植えつけるよう努めた。この心構えがあれば、チームの一人一人が自分自身の価値を高めることができるからだ。そして、そういう心構えをチームに植えつけていくことは、私自身の職業生活の意義を深めることでもあったのだから、私にとって実に楽しい体験だった。

言うまでもないことながら、サービスという仕事は、厨房の仕事と同じく、ひとえに顧客があって初めて存在する。だから、まずは厨房とホールの両チームの現場に良い雰囲気を創り出し、それによってホールに楽しい会食の雰囲気を醸《かも》し出すこと、そしてそれによって顧客を楽しませ、楽しい会食を経験した顧客にリピーターになっていただくことがきわめて重要なのである。私はレオン氏がよく口にしていた言葉、「現場のスタッフが幸せなら、顧客も幸せを感じるものだ」を噛みしめる日々を送っていた。

この時期の私の職業生活は充実し、ありったけの情熱を傾けてはいたものの、私はさらに先へ進み、この仕事の別の局面を見たくなっていた。私は、ここまでの自分の生き方、あらゆる経験、プロフェッショナリズム、メートル・ドテルの歴史、食をめぐる技芸の歴史、ホール・サービスの精神といったことごとくをホテル学校の若者たちに伝承したいと願ったのだ。そこで私は、パリ市商工会議所のレストラン・サービス教授職に応募したのだった。具体的には、パリ市商工会議所テコマ校の教授職である。いまにして思えば、数年後に私が日本でメートル・ドテルという仕事の基本とフランス流のサービスの精神を教えることになったのは、まさにこのときに私自身が運命の賽を振ったからだった。

8　サービスを教えるということ

パリ市商工会議所テコマ校

テコマ学校は一九六三年に、パリ市商工会議所（ＣＣＩＰ）が経営する十数校にのぼる技術・商業学校の一つとして設立された。テコマ（ＴＥＣＯＭＡＨ）とは、技能（Technique）、商業（Commerciale）、農業（Agriculture）、園芸（Horticole）の頭文字を組み合わせた省略形である。最初は農業・園芸・景観整備学校として、パリ市南郊のイヴリーヌ県ジュニ・アン・ジョサスという田園地帯にある広大な文教地区に敷地面積百二十ヘクタールをもって開校した。一九六四年にはこの地区に、グラン・ゼコールの一つとして国際的にも高く評価されているビジネス・スクールＨＥＣ（Haute Etudes Commerciales 高等商業学校）が移転してきた。

テコマ校に食部門が創設されたのは一九八〇年で、パリの南西部に食部門の専門教育を施す人材育成機関の必要性を感じたパリ市商工会議所と、その傘下にある専門学校で食部門を有するフェランディ校およびフランス料理上級学校の意向だった。この時期、有名な宮殿やシェヴルーズの谷などの豊かな観光資源をもつヴェルサイユ近辺でホテル・観光業が急成長したため、食分野での青少年教育の需要が高まっていたのである。テコマ校の食部門は、この地域の数多くのホテル、レストラン業界の協力のおかげで日の目を見たと言える。彼らの中では、とりわけ、ヴェルサイユにある、当時ミシュランの星つきレストランだった「レ・トロワ・マルシェ」のシェフであるジェラール・ヴィ氏、「ル・カメリア・ア・ブジバル」のカリスマ性豊かなオーナーシェフ、ジャン・ドゥラヴェイン氏（日本で最初に賞味会をおこなったシェフの一人でもある）、そしてヴェルサイユ近くにある有名な「オーベルジュ・ド・ポンシャルトラン」のシェフ、ルシアン・オジェ氏の三人の貢献が大きい。特にオジェ氏は、テコマ校の初代校長を務めた人物だから、私としても彼の名前をここに記せるのは光栄である。

ルシアン・オジェ氏は偉大なプロフェッショナルで、青少年を教育し、自分のもつノウハウを伝えていくことに情熱を注いでいた。多くの役職を歴任しているが、なかでも一九六二年から一九七二年のあいだ、メートル・キュー協会〔キュー queux は尻尾、行列の意もあるが、ここではフライパンの持ち手を指す。かつては料理人一般を意味していたが、その料理が芸術の域にまで達している料理人への尊称として使われていた〕の会長を務めたことは特筆するに値する。この協会は一九五一年に設立され、一九六七年にはメートル・キュイジニエ・ド・フランス協会と名称を変更して世界的な名声を築き上げるに至った。この協会は世界中の食関連の組織や行事を後援しているが、なかでも一九九四年以来、東京のフランス料理文化センター（FFCC）が主催する、フランスの古典料理のレシピで日本の若いシェフたちが腕を競う料理コンクール「メートル・キュイジニエ・ド・フランス〈ジャン・シリンジャー杯〉」を後援し続けている。フランス料理文化センターによる最初の料理コンクールがおこなわれた当時の会長は、パリの北郊メゾン・ラフィットにある「レストラン・ル・タステヴァン」のシェフ、ミシェル・ブンラシェ氏だった。

私はこの新しい仕事の醍醐味に気づき、情熱を傾けるに値する職業だと悟った。なにしろ、私のこれまでの職業的な人生で得たノウハウを伝承することはもちろん、さらにそれに加えて、人間としていかにあるべきかを伝えるという点まで含んだ仕事なのだ。

若者の態度やふるまいに関する多くの観察を通じて、私は彼らが認知されることを求めながらも、たいていは自信がなく、自分が拠って立つべき基準をどこに置けばいいのか見出せないことが多いことを理解した。そうした生徒には、愛されること、つまり見せかけではない心のこもった注意を払ってもらえること、傾聴してもらえること、そしてこれがもっとも重要なのだが、己が個性をのびのびと発揮する術《すべ》を体得することが必要なのだ。

つまり教育者としては、彼らに自信を得させるためにこちらと彼らのあいだに信頼関係を樹立できるか否かが問われているのである。講義、実習、そして研修がそのための具体的な場であり、目標は職業適性証書（ＣＡＰ）の取得である。

テコマ校における実習と評価ポイント

テコマ校には実習用レストラン「ロルム・ロン」が併設されている。実際のレストランと同じように、一般の人たちを顧客に迎え、料理もホールでのサービスも、生徒たちが担当する。昼食では六十から七十席、週に二、三回受け入れているバンケット（宴会）では一卓当たり八から十席で九卓まで対応

パリ市商工会議所テコマ校。実習レストラン「ロルム・ロン」が併設されている。

実習レストラン「ロルム・ロン」の内部。メートル・ドテルに求められる技能を修得するのに必要な設備・器具が完備している。

1991年、テコマ校での実習風景。生徒たちに鶏のデクパージュの手本を示す筆者。この直後、生徒たちは「ロルム・ロン」に本物の顧客を迎え、ゲリドンで鶏をさばかなければならないので、みな真剣な表情で見つめている。

2012年の実習風景。著者のかつての教え子（中央）が、現在ではテコマ校の教授として若者たちを指導している。こうしてメートル・ドテルの伝統が教育の現場で世代から世代へと継承されていく。

できる。夕食は、上級技術資格ないし職業バカロレアの取得を志望する生徒の実習のために、各一日ずつ、週に二日間のみ開店するが、夕食でのバンケットはおこなわない。主な顧客は、学校から二〇キロ圏内の企業の管理職、団体職員、および住人たちで、ときにはロータリークラブやライオンズクラブが利用することもある。顧客の七〇パーセントが現役世代、三〇パーセントが引退した高齢者。コース料金は通常二十五ユーロ、上述の週二日の夕食時は三十五ユーロで、一年間の全学期を通じて満席である。

「ロルム・ロン」での実習では、第一年次の生徒が午前中にミザン・プラス（下準備）を済ませると、第二年次の生徒がやって来る。彼ら上級生が第一年次の生徒を統率、指導してサービスにとりかかる。つまり第二年次の生徒の一人がメートル・ドテルの役割を演じ、彼は予約台帳を片手に顧客を迎え入れる。同じく第二年次の別の一人はソムリエ役を、そのほかの第二年次の生徒たちはシェフ・ド・ランを演ずる。第一年次の生徒は、全員がコミ役である。また二人の生徒（一人は一年次、一人は二年次）にはバーマンの役が割り当てられ、バーで毎日違うカクテルを作る。

この実習メソッドによって、第一年次の生徒たちは自分たちもコミとして指示に従って動きながら先輩の仕事ぶりを観察することができる。それによって、技術を磨くこと、サービスを提供することと料理を販売する営業活動についても自信を培うことができると同時に、チームで仕事すること、階層を尊重すること、チームに必要な連帯を学ぶことができるのである。

研修制度と研修生の給与システム

テコマ校に代表されるフランスにおける専門教育の特徴は、食関連に即して言えば、校内でおこなわれる調理やサービスなどの実習と、外部のレストランや製菓店など実際の専門的な場でおこなわれる現場教育を、交互に履修させるところにある。これによって、現場実務に基礎をおいた訓練が施され、即戦力が効率的に育成されるのである。実際の現場に入りきりになる従来の徒弟修業とは、学校と実社会の現場との交互履修という発想自体が根本的に異なっている。

研修生は、雇用主と研修契約を結ぶ。この労働契約は、学生が未成年〔フランスでの成人年齢は十八歳〕の場合はその両親と、成人なら本人と企業側、つまりレストラン経営者か総料理長、メートル・ドテルかホール・ディレクター、ないしはチェーン展開している企業の場合ならレストラン管理者とのあいだで結ばれる。

雇用側の責任者は「研修主任」という位置づけである。研修主任は、現場教育の場での教師役で、自ら専門分野におけるお手本となってこの契約で雇用した青少年の指導にあたり、研修

研修生の賃金体系

（最低基準賃金に対する割合。最低基準賃金は毎年のインフレ率に応じて変化する）

研修契約の年次	研修生の年齢		
	18歳以下	18～21歳未満	21歳以上
1年目	25%	41%	53%
2年目	37%	49%	61%
3年目	53%	65%	78%

生は契約先の企業の現場で研修主任のもと、実地訓練を受ける。なお、研修生は研修先から給料を支給される。給与水準は、国が定めるインフレ率に連動する最低基本賃金をベースに、年齢に応じた掛け率を乗じた額である。

研修の目的は、義務教育課程を修了した若者に、一般的、理論的、実践的な職業訓練を施して、職業・技能教育修了の証となる職業適性証書（ＣＡＰ）から技術者資格《テクニシャン》（ないしそれに準ずる資格）に至るまでの職業資格を獲得させることにある。十六歳から二十五歳までの若者なら誰でもこの研修を受けることができる。また、この年齢制限には例外も認められている。一般的には十五歳六か月から十六歳で義務教育を修了、つまりコレージュ〔中等教育前期の学校。ほぼ日本の中学校に相当〕を卒業後、雇用主と研修契約を結び、研修生が目指す進路に応じた教育課程に沿って、校内実習と実地研修とを交互に履修する。交互履修は、実地研修が三週間で校内実習が一週間とか、それぞれ二週間ずつとか、進路によって異なる。

しかし、いずれの場合にも研修生はすでに学生身分としては扱われない。したがって学生の休暇はなく、代わりに労働法のもと、五週間の有給休暇の権利を持つ。つまりすでに研修契約によって給与生活者として扱われ、最低基本賃金に対して下の表の通りの割合の給与が支払われ、その中から社会保険と退職年金の掛け金が差し引かれるのである。

校内における教育ワークショップでは、二人の教授が生徒たちを統率してデクパージュやフランベの仕方を実地に教え、彼らに試させては助言を与えながら点数をつけていく。そして毎日の夕方、その日の試技の良い点と悪い点をとりまとめ、若者たちに自分がグループ内でどの程度進歩したかを把握させる。

技能指導教授としての私の役割は、生徒たちが二年間かけて履修する教育課程、つまり指導要領と知育計画に沿いつつ、各自の適性を見きわめながら研修教育を推進することだった。二年後には若者たちが修了証書を手にできるように導かなければならないのだ。

したがって、私はまた、最低でも年に一度は研修主任と面会し、研修先企業での研修生の態度と技能的な進歩について、研修主任と私とのあいだで文書化したバランスシートを共有しなければならない。その作業の効率を上げるために、私から研修主任には、研修生がマスターすべき技能や役割について、「マスターできている」「半ばできている」「まだできていない」の三段階でチェックできるように評価マトリックス表を手渡してある。ある企業で研修している生徒の第一年次の評価項目の一部を挙げてみよう。

・ホールの清掃とミザン・プラスができるか?
・指示された仕事を実行するにあたり、的確な段取りや計画が立てられるか?
・シンプルな料理と飲物のサービスがきちんとできるか?
・従業員チームと積極的に協調しているか?
・決められた時間を尊重し、正確で、サービス時の服装は整っているか?
・仕事において積極的であり、参加意識が強く、気が利いて、迅速か?

第二年次の評価項目では、次のようにモチベーションと向上心といった心的精神的側面が重視される。以下はその数例である。

・指示された仕事を自律的に果たしながら、テーブル・サービスはどの程度進歩したか？
・指示を待つことなく個人的なイニシアティブで職業上の好学心を満たしているか？
・自分を目立たせることなくサービスできているか？
・顧客ないし上部からの指摘に対して適切に対応しつつ、感情を自己管理できているか？
・顧客対応と意志疎通について、顧客をテーブルまで案内する局面およびシンプルな注文をとる局面で、きちんと意思疎通できているか？

私はこの新たな仕事によって、教え子の少年少女たちがきちんと専門的技能を身につけた証としてCAPを取得し、社会へと旅立つのを助ける喜びと、彼らが目標を達成できたときに味わえる深い歓びを知った。いささか自己陶酔気味かもしれないが、達成したことを誇りに思う気持ちを若者たちと分かち合うのだ。それまで過ごした日々の、さまざまな思いをあらためてよみがえらせながら……。

私にとって、教授であるということは、難しいことのほうが多い。だが、多くの局面で情熱を傾けられる仕事だと断言できる。もちろん私は人材育成のための教育者であるが、場面によっては、若者たちから見て、父親や長兄、つまりは若者が社会とかかわろうとする際の補助者であることが求められる。そのようなあり方が、教師として若者と接する際に重要なバランスだと私には思える。換言すれば、いささか「言葉によって病を癒《いや》す」臨床医に似ているかもしれない。もし比喩が許されるならば、料理のレシピに似ているとも言えるだろう。たとえばケーキを作るなら、食材の調和のとれた配合を尊重しなければ、ケーキはうまく膨らんでくれない。研修生も同じことで、技術的な規則と人生の規則とをきちんと「配合」し、さらに彼らの声を傾聴するという要素をピンセットで摘まむようにして慎重に混ぜ合わなければ、研修生は成長しないのである。

CAP取得試験

二〇一〇年の例では、以下の二部から成っている。

(1) 実地試験

午前中はまず「販売」のテスト、すなわち現役のレストラン・スタッフ一名、他校(コレージュないし職業リセ)のサービス部門の教授一名、英語の教授一名の三名からなる審査員の前で、オーダー・テイキングのテストがある。

次に、コンソール(ナイフ、フォーク、スプーンなどを納めた収納ケース)から必要な食器を取り出して二人掛けの食卓を二卓ミザン・プラスし、さらにオフィス(パントリー)での準備作業がテストされる。具体的にはパイナップルなどの果物の皮むき、グレープフルーツカクテル、オレンジサラダ、ドレッシング和えのアヴォガド、カクテルソース和えの小エビなどの用意と仕上げで、審査員一名の面前に置かれたゲリドン上で一定時間内に完了しなければならない。このテストでは、受験者の技量の熟練度と清潔さへの配慮、仕上げた皿の出来ばえがチェックされる。

最後に、レストラン・サービスの一連の流れ、つまり顧客の受け入れ、オーダー・テイキング、食卓（この場合には、二卓）への料理のサービス、異なるサービス・スタイルにおける必要な技能、ゲリドンでの切り分け、英語でのサービス、皿への盛りつけ、ワインのサービス、顧客とのコミュニケーション能力などがテストされる。

（2）筆記試験と口頭試問

受験者は、フランス語、数学、技術的な専門知識（ブドウ栽培、チーズなどの原産地統制呼称、ソース、つけ合せ、料理の説明など）、食品衛生に関する科学知識、労働関連法に関する筆記テストのほか、最後に英語の口頭試問を受けねばならない。

これら二部構成の試験の各局面で採点がおこなわれ、二部全体での得点の合計点が平均十ポイント以上で合格となる（蛇足ながら、職業バカロレアの試験となると、やはり二部制だがさらに試験項目が増え、筆記等の試験と実地試験との配点比率がより均衡したものになる）。

教えるということ

教えるということは、かたちづくることであるが、同時に説得し、尊重し、交換し、与え、受け取り、伝承することでもある。それは飽くことのない情熱であり、智慧を授ける者と智慧を授かる者二人の間に結ばれた代替不能の神秘的な関係でもある。授けるべき智慧とは、「ノウハウ＋在り方＝生き方」であり、授かる者は、学ぶこと、聴いてもらうこと、自信をもつことを必要とする者だ。しかし、この錬金術は、思うに「愛する」という動詞を使わないと決して機能しないだろう。若者の人となりをかたちづくるために、若者を愛すること。つまり、大人の世界に導くために彼らを鍛えて変容させ、彼らを進化させること。この意味で愛するとき、人は多くを与える。そして経験から断言できるが、私はこれらの教え子たちから多くを受け取っている。私は、これまでに四百五十人から五百人の生徒を、彼らが人生でたどるべき道へと導いてきた。

「教育」の辞書的な意味は、「教える技術。教えるための方法の総体であり、かつ知を伝承するために要求されるあらゆる要件のこと」である。私に関していえば、この言葉を厳密に定義するのは難しい仕事だと思う。経験に照らせば、それはあらかじめ選択した情報と知を伝えることだ。ただし、教育される側の性別、年齢、適性、ニーズ、達成レベルに応じた形と内容でなければならない。そしてそれは私が選んだ使命であり、私自身の職業経験、人生経験、感受性、個性、傾聴する力と適応力とを駆使して、二十五年間にわたって実践しようとしてきたことである。

教授という仕事は、永遠に変化してやまない機能である。この仕事は、一九八〇年代には、「教え授けること」「訓練すること」「躾《しつ》けること」の順で構成されていたのだが、二十年後には、社会の変化によってこの優先順位が逆転してしまった。

つまり、二〇〇〇年代に入ると、大多数の同僚と同じく私も、まず「躾《しつ》けること」、次に「訓練すること」、そして「教え授けること」という順番に教育メソッドを転換せざるを得なかったのである。ちなみに「躾《しつ》けること」とは、まず何よりも、集団生活のルールを尊重させ、社会的なつながりを意識させ、学校で勉学に勤しむことの意味を悟らせることである。「訓練すること」とは、技術やノウハウ、仕事の価値を生徒に植えつけることである。「教え授けること」とは、その時点での新しい技術的なツール（今日なら、ゲーム感覚の点数ボタンと連動するヴィデオ・プロジェクターなど）を講義に取り込みながら、生徒が知るべき内容を知らせることである。しかしその場合、ある一科目だけでなく、他科目の教授たちとの横断的連携を確立して幅広く知らせることが求められる。私にとって教育者とは、常に規律の信奉者であり、学ぶ者とは、常に根源と指標と目標とによって明確に限定された道を必要としている者なのだ。

与えることの喜びは教師に、受け取ることの喜びは生徒にある。その与える喜びはまた、私の教授としての現役時代、ホール・サービスの技術を競うコンクールであるジョルジュ・バティスト杯〔第三章のコラムを参照〕に挑戦させるため、毎年一人か二人の生徒を特別に訓練するときにも感じたものだ。このコンクールでは、まず地区予選を戦い、そこを勝ち抜けば、つぎには全国大会に出場することになる。三度び、私は自分の生徒を全国大会でホテル学校部門の表彰台の一番高い場所へ導くことができた。勝利したこと、技術を分かち合えたこと、その生徒を祝福する瞬間をもてたこと、私はこの三重の満足を味わうことができたのである。しかし、ときにはコンクールでの試技に失敗して失望している生徒たちから再びやる気を引き出し、自信を取り戻させるのにふさわしい言葉を見つけて励ますことも必要だった。

私のこの仕事は、毎年同じということはなかったから、決して反復的ではなかった。一年一年が私にとって常に挑戦であり、検討の対象であり、二年ごとにやって来る卒業試験の興奮を意味していた。二十五年間にわたって、私は常に変わらず、この感覚をもち続けることができたのだった。

第二章　メートル・ドテルの歴史

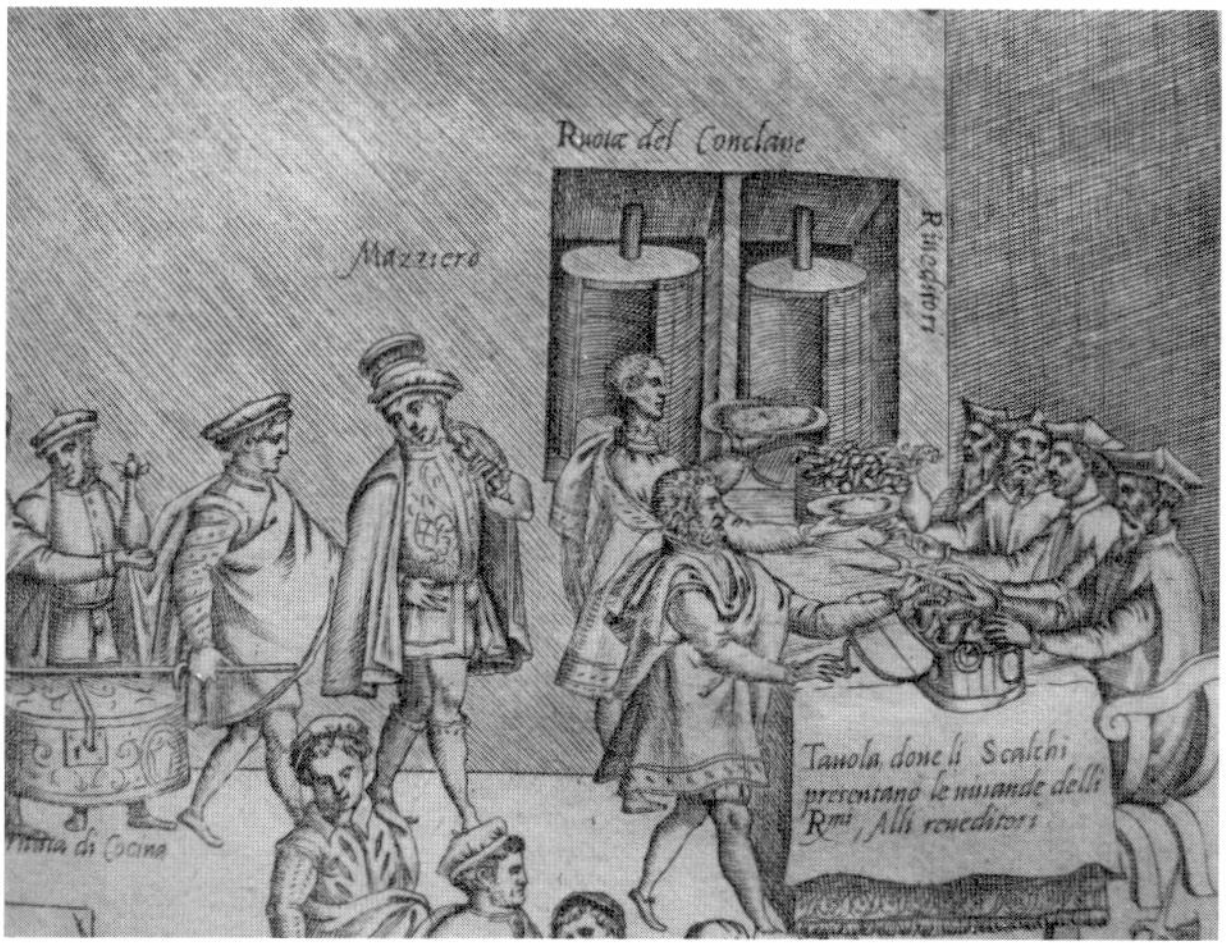

章扉写真
16世紀、ローマ法皇ピオ5世の食卓でのサービス。法皇にさまざまな種類の温製料理をサービスするために、メートル・ドテルに率いられたサービスチームが長い隊列を組んで、食事室へ到着したところ。
Scappi: « Les Opéra di M.Bartolomeo Scappi cuoco secreto di papa Pio V », Bobliothèque Municipale de Dijon

1　先史時代から中世

食の進化に思いを馳せ、サービスを含めた広い意味での「食卓をめぐる技芸《アール・ド・ラ・ターブル》」の歴史と、その発展について語ろうとすれば、幾世紀にもわたる各地域の文明が歴史とともに紡いできた文化史をたどることになる。

たとえば、カトリックのミサで司祭が指を清めることに象徴されるような「手を洗う」という習慣は、実際のところあらゆる古代文明に認められるのだが、これは、かつては道具を使わず指で食事をしていたことを示すものだろう。古代、食事のサービス係は壷に入れた水を会食者たちの手に注いで清めたものだった。その水には、しばしば薬草や花びらで香りづけがしてあった。そうした「手を洗う」行為は、寺院や教会に入る際に手を清めるのと同じように、実質的に手を清潔にするというよりも、むしろ食べる前の清めの儀式としての意味合いが強かっただろう。

穴居時代の洞窟で起こされた火から始まって農民の暖炉にいたるまで、また領主の食卓から王の饗宴にいたるまで、さらにレストランのホールから大邸宅や宮殿のダイニングルームにいたるまで、食べ物を調理し、準備し、見せ、サービスし、消費することは、どんな場合もしばしば複雑でときに洗練を要する技術的活動である。

しかし、その目的は、常に滋養分を摂取し、味覚を開発し、官能を満足させることなのだ。「食卓をめぐる技芸《アール・ド・ラ・ターブル》」、つまりどのような料理をどのように供し食べさせるかということは、どの国であろうと、日常においても、祝祭においても、中心的な関心事ではなかろうか？

あらゆる食事は、日々の活動を中断してとることになるのだが、そこには儀式性が認められる。食事中に私たちがおこなう身ぶりは、しばしば私たちのルーツ、祖先から伝わる儀式に由来している。しかし、あまりになじんでいるので、真の意味合いは忘れられていることが多い。

食べる喜び、とりわけ食卓の洗練とその必要性は、私たちの歴史、文化、教育に結びついているように思われる。それは人間社会の進化を証すものだろう。したがって、「食卓をめぐる技芸《アール・ド・ラ・ターブル》」と料理について考え、研究することは、ある社会の多岐にわたる局面を発見することにつながる。したがって、この分野をめぐって、各文明、各文化、各国の違いを検証すれば、食文化の普遍的な進化に寄与することになると思われる。

いずれにせよ、未来を目指すためには現在を理解する必要があり、そのためには過去を知ることが役立つ。以下に、フランス食文化をめぐる「食卓をめぐる技芸《アール・ド・ラ・ターブル》」と料理の進化を簡単に見ていこう。

先史時代——火

狩猟・漁労・採集生活を送っていた先史時代の人類は、まず食物を焼くために火を使えるようにしなければならなかった。それができるようになると、土器の発明によって食物への火入れが改良され、料理の可能性と想像力とが開花していった。料理と食事を準備するという機能の源を探ろうとすれば、このように歴史時代の夜明け前までさかのぼることになるのだ。

古代——もろもろのルーツ

陶磁器などの発明を受けて、まずはファラオ時代のエジプト、ついでギリシア文明とローマ文明の食卓に一種の贅沢さと洗練がもたらされた。この時期、料理はもはやロースト一辺倒でなく、「茹でる」「煮込む」「とろ火でじっくり煮込む」という技術が導入されている。

饗宴を伴う祝祭は、ギリシアではディオニソス、ローマではバッカスと名づけられた神をめぐって儀式化されたので、バッカスの名を寿《ことほ》ぎ「バカナル」と名づけた大祭が催されるようになったのだった。

ローマ時代の貴族の別荘では、トリクリニヨム〔「三人が横臥できる寝台」が語源で、「横臥食卓」ないし「横臥食卓を備えたダイニングルーム」の意〕がしつらえられ、会食者たちは身体を横たえて食事をとった。しかし、これは食物を切り分けるのに最適の姿勢とは言えない。そのため、彼らローマ人たちは、みじん切りにした小型の肉団子やあらゆる種類のポーピエット〔肉や魚の薄切りに詰め物をして巻き、火を通した料理〕を特に好んだのだった。そして当時のワインは、しばしば植物を漬け込んだ液やハチミツで香りがつけられていた。

メートル・ドテルという名誉ある職業は、古代エジプトまでさかのぼる。ファラオたちは、フランス語で「グラン・パンティエ」と呼ぶメートル・ドテルと、「グラン・エシャンソン」と呼ぶソムリエを擁していた。「パンティエ」とは、「パンの賄《まかな》い方」を意味し、パンを管理し、王の食器を用意し、王の食卓に料理を運んだ。「エシャンソン」は酒盃を担当し、王の食卓の飲み物全体を担当した。この二人がファラオたちのためのサービス係として最高位にあり、もっとも重んじられていたのである。

ギリシア、ローマの両文明でも、有名なメートル・ドテルたちが知られている。帝政ローマ時代に入ると、この職業に就くための教育訓練期間はきわめて長期にわたるようになり、憧れの職業となった。メートル・ドテルは、皇帝や将軍たち、そして高官たちの直接の信頼を得ているところから、畏敬の対象だった。

ここではくわしく触れる余裕はないが、ローマには歴史を通じて二つの偉大な食の場が存在したことを忘れてはなるまい。まずはローマ皇帝の、そしてのちにはヴァチカンのローマ教皇の食卓である。

中世（ほぼ五〜十四世紀）――基礎形成期

ローマ帝国の崩壊後、横になった姿勢での食事は廃《すた》れ、テーブルに向って座る姿勢で食事するようになった。当時のテーブルは、四本足の台架の上に平らな板を置いたものが多かった。そして、その上を大型のテーブルクロス二枚でおおい、上のクロスは手拭き用に使ったのである。

いくつかの城や修道院は「フェストワイエ」と呼ばれる食堂を備えていた。フェストワイエとは、フランス語で祭りを意味する「フェスタン（festin）」に由来する言葉である。そこでは、しばしば会食者の面前で、肉や家禽が、領主自身や領主に仕える切り分け担当の「エキュイエ」の手でフランベされたり切り分けられたりした。会食者は、テーブルの片側に据えられたベンチシートに一列に座って食事をする。

また食卓上にはスープ用に「エキュエル」と呼ばれる一種の椀が置かれていたが、フォークも取り皿もなかった。会食者たちは食物を木製のまな板か大きな乾いた厚切パン（どちらも「トランショワール」と呼ぶ）の上に載せる。それを、じかに指を使って口に運び、ナプキンもなかったからテーブルクロスのテーブルから垂れ下がった部分で汚れた手を拭いた。つまり、まだ美しいテーブルマナーなどは存在しなかったのである。

祝祭の場合、貴族や領主の住まいでの祝宴に供される食事は重いのが常で、種類は乏しいものだった。メニューに登場するのは、まずなにを置いてもスープと何種類かのパテであり、つぎにソースが添えられた肉、串に刺してローストした肉、子羊や仔牛肉、鶏や家ウサギ、貴族に狩猟権が与えられていた狩場で獲れた小型のジビエ（キジ、ヤマウズラ、アナウサギ、野ウサギなど）と大型のジビエ（イノシシ、鹿、ノロ鹿など）だった。このほかに、彼らは白鳥、孔雀、コウノトリなども姿のままの丸焼きにした上、羽根をあしらって大宴会が催される部屋に飾りつけたりもしたのだった。ソースは、シナモン、丁子、コショウ、ショウガ、サフラン、ナツメグ、ハチミツ（当時は香料と考えられていた）などの香料をきわめて強く効かせたものだった。それは彼らの富の誇示だったが、同時にフザンダージュ（熟成）が進みすぎた肉の臭みを隠すためでもあった。そして、ソースはパン粉や卵黄を使った濃厚なものだった。野菜の摂取量は少なく、パティスリも乏しかった。というのも、砂糖は希少できわめて高価であり、甘味としてはハチミツしか使えなかったからである。

これに対して一般庶民は、スープとパン、豚肉や、粥状にした穀類、燕麦、キビなどを中心とした基本的な食事で満足していた（この時代、ハーブや根菜は貧者の専有物だったのである）。

当時の領主や貴族の食事では、一回の食事当たりで四回から五回の「サービス」があった。この場合の一回の「サービス」とは、一度に食卓の上に置かれる複数の相異なる一連の料理全体を意味している。つまり会食者は、ローストの「サービス」なら、複数の相異なるロースト料理の中から好きな料理を選んで食べるのである。第一回目の「サービス」が終わると食卓は片づけられ、新たに別の種類《ジャンル》の一連の料理が供された。そこでは、「プルミエール・パンティエ」が、料理の構成と食卓上の料理の配置に責任を持ち、かつ先述の「トランショワール」と食塩を担当する「切り分け係」の従者に加えて、多数の召使とソムリエたちからなるダイニングルームのサービスチーム、すなわち「ブリガード」を率いていたのである。

中世のワインサービス

祝祭の宴席では、食卓上にワイン用のカラフもグラスも置かれなかった。ワインについては、「プルミエール・エシャンソン〔現代でいうソムリエ〕がその配下の数多くの「ヴァレ・ソムリエ〔ソムリエの従者たち〕」を使って差配していた。宴席の冒頭では、まず主催者である領主の歓迎の言葉とともにおこなわれる「クー・ダヴァン〔食前の一杯、現代の乾杯《ア・ヴォートル・サンテ》にあたる〕」用にワインが供された。

次に、「サービス」が二回おこなわれる合間には「クー・ミリュー〔食間の一杯〕」としてのワインが供され、宴席の終りには「クー・ダプレ〔食後の一杯〕」としてのワインが供された。これら各「クー」では、その祝祭の各場面に応じ、それぞれ異なるワインが供されたのである。

また、「サービス」の最中、つまり食事が続いているあいだの飲み物としては、ワインを水で割った「オーディナリィ・ワイン」が供された。水とワインの比率は、飲み手の社会的階級に応じて決められていた。たとえば騎士階級か貴族であればワイン九、水一の割合であり、学者か聖職者なら八対二か七対三、女性なら六対四だった。また、当時頻発していた毒殺の危険を避けるために、プルミエール・エシャンソンは衛兵と共にワインと水を混ぜあわせる現場を厳しく監視し、かつ食卓に供する前には毒見をした。

祝祭時の大饗宴では、吟遊詩人《トルバトール》や語り部、音楽家、歌手などがサービスとサービスの合間《アントル》、つまり料理《メ》を取り替える際に登場して会食者に気晴らしを提供したのだが、これが現代でも使われているアントルメの本来の語源で「料理の合間の休憩」の意である。現代では、ほぼデザートと同義に使われるが、古典料理の時代にはロースト料理のあとに供される野菜料理を指した。

文字の発明こそが、先史時代と歴史時代とを分ける指標である。それにならって言うなら、フランス料理が文字によって伝えられたという意味で真に歴史時代に突入し、食卓が洗練の歴史を紡ぎ始めるのは、中世末期にあたる十四世紀からである。この時期に、フランス料理の最初のグラン・シェフと言える人物が登場した。それがギヨーム・ティレル、通称「タイユヴァン」(一三一〇〜一三九五)である。彼はノルマンディに生まれ、一貫してフランス王の宮廷でキャリアを積み、プルミエール・エキュイエ(大膳頭)となり、ついにはシャルル六世のメートル・キュー〔総料理長。なお「キュー」

については、ルネッサンスの項参照）に至った。彼は『ヴィアンディエ』と題する書物を著し、初めて当時のルセットを体系化した。彼以前には、料理の伝統と食卓での慣例の継続性は口承でしか保証されなかったのである。

2　ルネッサンスから十七世紀

ルネッサンス（十五〜十六世紀）——一様式のアイデンティティ

フランス国王フランソワ一世（在位一五一五〜一五四七）は、芸術、建築を振興して自身の宮廷に多くの詩人や画家たちなどを招聘した。画家では、特にレオナルド・ダ・ヴィンチのようなイタリア派を重用した。

食卓にも新たな波が押し寄せた。これには王の子息でのちにフランス国王となるアンリ二世（在位一五四七〜一五五九）にイタリアから嫁したカトリーヌ・ド・メディチ（一五一九〜一五八九）の影響が大きい。彼女は、結婚に際して、イタリアから料理人をはじめメートル・ドテルたちとパティシエたちを連れて来たのだ。これらのプロフェッショナルたちがフランス食文化に大きな変化をもたらした。料理はより軽くなり、サービスは特にジャン・バティスト・ド・ゴンディに代表されるメートル・ドテルによって洗練されていったのである。その結果、領主や貴族の館に、ファイアンス〔イタリアのラヴェンナ近郊ファエンツアで産するやわらかい陶器〕製の皿《アシエット》やブロング〔フォークの先の部分〕が二つに分かれたフォーク〔三つに分かれるのは十七世紀、四つになるのはそれよりもあとである〕、そしてクリスタル・グラスも登場した。このように、イタリアの技芸《アート》がフランスにおける「食卓をめぐる技芸《アール・ド・ラ・ターブル》」

の進化に決定的な役割を果たしたのである。食事は、あいかわらず祝祭によって三回から六回にわたる「サービス」を供するスタイルでおこなわれていたのだが、食卓上は繊細なファイアンスで豊かに飾られるようになった。とはいえ、会食者たちは食卓に運ばれた大皿から自分で自分用の皿《アシエット》に料理を盛り、皿《アシエット》からは依然として直接指を使って食べていたのである。

テーブルマナーは、『シヴィリタス・モルム・ピュエリリウム〔ラテン語で「子どもっぽい作法」の意〕』と題された論文の出版とともに一五三〇年頃から貴族たちの邸宅で進化し始めた。この論文は、オランダの人文学者で、当時ブルゴーニュ公国の宮廷顧問を務めていたエラスムス（一四六九～一五三六）が執筆したもので、食卓での基本的な礼儀作法を説いている。その中で著者は、最上流階級の食事をきわだたせるものは食卓上の大皿から料理を取る際の動作であり、下層の諸階級の者たちは盛られている料理に五本の指全部を突っ込んで取るのに対して、高貴な身分ある者は三本の指だけを繊細に使って取るものだと述べている。さらに、食卓の自席に座ったらいきなり自分の取り分を大皿から取ろうとするのではなく、しばし間《ま》を置かなければならないとも主張する。また、指を脂でギタギタさせたままにしておくことも、また着用しているヴェストでその指を拭くことも礼儀にかなうものではなく、指を拭くにはテーブルクロスかナプキンなどを使うほうが好ましく、身分ある者は悪しき習慣を厳に慎まなければならないと指摘している。

この頃、食卓のベンチシートは個別の椅子にとって代わられ、ナプキンが登場していた。登場したてのナプキンは、飲み物や食物の汁で服に染みをつくらないよう、この時代のファッションに合わせてきわめて大きなものだった。つまり、当時の貴族たちはいつも首の周りに布製かレース編みの巨大な円形の襞襟を着けていたのである。領主たちの中には、自分の首の周りにナプキンをなかなか巻けない不器用な者たちもいて、しばしば揶揄《やゆ》の対象になった。そこからフランス語に、「（ナプキンの）両端を結べない」という俗な言い回しが生まれた。これは、今日では文字どおりの意味から離れて、「月末に帳尻を合わせられない（月初めと月末という両端を結べない）くらい金のやり繰りがつかない」という意味になっている。

先述のとおりフランスでは、十六世紀にイタリアの影響から「食卓をめぐる技芸《アール・ド・ラ・ターブル》」が進化して洗練の度を加え、各会食者用の食器（皿《アシエット》、グラス、フォーク）やリネン類（ナプキンやクロス）が登場したばかりではなく、テーブルの周囲に肘掛けつきのソファか個別の椅子が置かれ、席が特定の個人専用にリザーブされるようになった（とはいえ、食物を口に運ぶとき、多くは依然として直接指を使っていたのだが）。このように十六世紀は、良きテーブルマナーの規則が準備され始めた時代ということができるだろう。

領主や貴族は、封臣や家臣たちに権力を誇示する機会でもある祝祭や祭礼に際して、厨房器具や食卓の装飾の豪華さを競い合うようになった。料理人という職業は、ポワル（フライパン）の把手（キュー）を握って能力を発揮するところから「メートル・キュー」と名づけられ、十三世紀から十四世紀に明確な定義づけがなされていた。これに対して、「エキュイエ・トランション（切り分けの将校）」とか「オフィシエ・ド・ブーシュ（口の将校）」と呼ばれていたメートル・ドテルという職業は、アンリ四世（フランス国王としての在位一五八九～一六一〇）にメートル・ドテルとして仕えたジャック・

15 世紀、ブルゴーニュ公国公子の食堂。公子は、画面右手の一段高くしつえられたテーブルにひとりで着席し、かたわらにリトー（サービス用の白い大きな布巾）を肩に掛けたエキュイエ・トランションがはべる。会食者たちは、2 列のテーブルの長手方向の片側に座っている。ワインもグラスも、卓上ではなく画面左端のブッフェにおかれ、客の求めに応じてソムリエがサービスする。画面左端の立っている 3 人は、「サービス」の合間に演奏する宮廷楽士たち。

Anonyme : « Le Livre des Conquestes et Faits d’Alexandre »

ブルゴーニュ公国の宮廷顧問を務めたエラスムス。食卓の基本的な礼儀作法を説いた著作『シヴィリタス・モルム・ピュエリリウム』によって、貴族たちのあいだにテーブルマナーが広まった。
Collection de la Bibliothèque Municipale de Dijon

16世紀に流行した襞襟。この襟を汚さないために、巨大なナプキンが必要だった。

ボンガールの時代、つまり十六世紀になってようやく明確に定義されたのだった。

しかしそれ以来、王侯貴族のダイニングルームでサービスに勤《いそ》しむブリガードは、きわめて統制のとれた一団となったのである。当時、厨房はダイニングルームから遠いことが多かったので、厨房から運ばれる料理には蓋がかぶせられていた。これは冷めるのを防ぐためであると同時に毒薬が仕込まれるのを避けるためでもあった。料理を盛った大皿の行列が、食事担当の衛兵と「首席エキュイエ・トランション」に先導されてダイニングルームへと向い、それに数多くのサービス担当の召使いたちの列が続いたのだった。

大きな肉の塊を切り分け、食卓に並べる料理の配置を決めるのは、メートル・ドテルやエキュイエ・トランションの役目だった。彼らはしばしば爵位を賜り、貴族に列せられもした。王や絶大な権力を握った領主が食べる前には、オフィシエ・ド・ブーシュによる「試食《エッセー》」がおこなわれた。すべての料理が「試食《エッセー》」されなければならなかった。毒殺を警戒したからであり、かつ料理が王や領主の口に合うか否かを確かめるためでもあった。

十七世紀——グランド・キュイジーヌとフランス式サービスの誕生

十七世紀の特徴は、中世の料理の伝統と訣別したこと、食卓の洗練度が高貴といえるレベルに達したこと、そしてより繊細でより軽い料理が出現したことにある。このことは、フランス宮廷の（エキュイエ・ド・キュジーヌ（大膳頭）であったヴァレンヌのフランソワ・ピエールが一六一五年に著した『フランスの料理人』が証している。新しいつなぎの技法を使った煮込み《ラグー》と、より洗練されたソース、以前はパンを漬けてソースを濃くしていたところを小麦粉でつないだ「ルー」が出現し、さらにローストした肉から出る肉汁を煮詰めて取った「ジュ」も登場した。この本は、脂身の多い肉と少ない肉の調味《アセゾヌマン》、野菜の火入れ、そしてパティスリの作り方についても言及している。また十七世紀末は、食材本来の味を尊重し回復しようとする志向から、香料の使用が減少したことによっても特徴づけられる。

フランスの貴族制度の中で、食卓でのサービスも進化し洗練されていった。テーブルマナーが尊重され、貴族は直接指で食べることをしなくなった。食器やリネン類は各人に供され、フォークのブロングは三本になり、皿《アシエット》の右側に置かれるナイフの刃は丸められた。そしてナプキン、グラス類、シャンデリアが「食卓をめぐる技芸《アール・ド・ラ・ターブル》」の水準を押し上げ、金銀細工技術が飛躍的に進歩したおかげでテーブルは次第に高貴さを増した。つまり、「食卓をめぐる技芸《アール・ド・ラ・ターブル》」が十八世紀とそれ以降に本格的に発展していくための素地がすっかり整ったのである。

十六世紀以来、フランスでは、日常的な食事は一度の食事につき三回の「サービス」、祝祭時の饗宴は四回から五回の「サービス」というように固定されていたのだが、ルイ十四世はヴェルサイユ宮殿での饗宴では六回から八回の「サービス」をおこなった。

饗宴の前、メートル・ドテルは料理数に応じて食卓の簡単なスケッチを描き、それぞれの「サービス」における大皿の正確な配置計画を立てた。食事は綿密に計画され、食卓の美的な演出については視覚効果が最重要視されて、二重のシンメトリーが大きな特徴となった。

すなわち、一つはそれぞれの「サービス」で食卓に置かれる大皿の数のシンメトリーで、先述のとおり食事の性格に応じて三回、四回、五回と「サービス」の回数こそ異なるものの、毎回同じ数の大皿盛りの料理が用意される。これに加えて、大皿を置く場所のシンメトリーがある。毎回同じ数の料理が同じ形の大皿で供されるのだが、それらが置かれる場所もまた、すべての「サービス」を通じて同じ場所でなければならなかった。つまり幾何学が、食卓上を支配したのである。

このようなサービスは「古典的フランス式サービス」と呼ばれ、そこでは何よりもまず、視覚が満足させられなければならない。食事はある種の「地上の天国」の再現であるから、食欲の誘惑に負けてしまう以前に、あらゆる「善きもの」、すなわち大皿に盛った料理が、まずは会食者の目を喜びと興奮と魅惑とで存分に楽しませることが求められたのである。

ルイ十三世（在位一六一〇～一六四三）治下から始まり、ルイ十四世（在位一六四三～一七一五）の時代に顕著になるのだが、メートル・ドテルは国事中のもっとも重要な行事の一つである公式レセプションの企画運営の責任者に任ぜられるようになった。つまり、食卓に供されるさまざまな料理の調和を図る一方、食卓上の演出を任され、アンドレ・ルノートル（一六一三～一七〇〇）が設計したヴェルサイユ宮殿の庭園にならい、大皿や卓上装飾で菱形、円形、正方形、杉綾などの多様な幾何学模様を現出させるようになったのだ。これについては、ルイ十四世のメートル・ドテルであるルイ・ド・ベシャメルや料理長ピエール・ド・リュンヌの著作の一つで、一六六二年に出版された『新時代の完璧なるメートル・ドテル』でくわしく語られている。

当時のメートル・ドテルの役割は、主にパン、ワイン、肉など食品の購入、全使用人の管理、および食卓の配置と装飾に責任を持つことであった。加えて、主人の支出も管理していた。食卓でのサー

古典的フランス式サービスによる約80席の饗宴のための食卓レイアウト図。王侯の宮廷や貴族のシャトー、大ブルジョワの屋敷では、16世紀から3世以上にわたり、この「二重のシンメトリー」を遵守して古典的フランス式サービスがおこなわれた。
Massialot : « le Nouveau Cuisinier Royal et Bourgeois ou Cuisinier Moderne », Bobliothèque Municipale de Dijon

塩、香辛料、オイル類の入った容器を載せる台で、「シュールトゥー」と呼ばれる。17世紀に登場し、古典的フランス式サービスの食卓の豪華さを演出する卓上装飾品の代表。シュールトゥー（surtout）とは「こればかりは」の意で、何回「サービス」がおこなわれようとも、常に食卓の中央におかれていたので、この名がある。中央の装飾的な構造の四隅に腕木が出ていて、燭台としても用いられたことがうかがえる。18世紀前半には本来の機能を失い、純粋な卓上装飾品ないし燭台として用いられた。
Cardelli : «Manuel du Cuisinier et de la Cuisinière », Bobliothèque Municipale de Dijon

ビスに臨む際、メートル・ドテルはその特異な職務権限の印として、肩に白いナプキンを載せた。そして大きな典礼に際しては、帯剣することも帽子をかぶることも許されていた。祝祭の間《ま》に入るとき、彼はおもむろに帽子を脱いで会食者一同に挨拶すると、すぐにまた帽子をかぶったのである。

ルイ十四世のメートル・ドテルを務めたルイ・ド・ベシャメル（一六三〇～一七〇三）はノワンテル公爵に叙せられた人物である。彼は、食卓でのサービスは劇場での芝居の公演に似ていると語っている。大皿は舞台上の大道具であり、料理は演劇の筋立てといえるだろう。古典的に構成された完璧な食卓とは、「サービス」の回数に応じた三ないし四ないし五幕の芝居なのだ。それぞれの幕では、数々の大皿が大道具であり、そこに盛られた料理の種類や性格が食事の進行、つまり筋の展開を示すことになる。したがって、メートル・ドテルとメートル・キューの持つあらゆる技術は、食卓上の大皿の配置という大道具の枠組みと、その中で幕から幕へと展開していく料理の味覚的な調和と大胆な組み合わせという筋書きに集約的に表現されなければならなかった。このため、「大道具」と「筋書き」は、毎回、可能なかぎり精緻に仕組まれたのである。

コンデ公〔大コンデ公とも称されるルイ二世〕は、自らの居城であるシャイイ宮にルイ十四世を迎えて三日間に及ぶ祝宴を張ろうと思いついた。コンデ公のメートル・ドテルであるフランソワ・ヴァテルは、その大饗宴の企画運営という重責を負わされた。王宮からの会食者は三百人、加えてこれに従う六百人以上の随員と数百人の召使や家来たちをもてなさなければならない。十分な準備期間はなく、花火などを含めて手配が行き届かないなか、彼はあらゆる準備に奔走して疲労の極《きわみ》に達していた。しかも、祝宴初日を迎えるや、予定をはるかに上回る招待客が押し寄せたため、祝宴の中心から遠い数

17世紀、精霊（サン・テスプリ）章を受章して新たに騎士に叙せられた者たちのためにルイ13世が主宰した祝宴の様子。洗練された古典的フランス式サービスの典型を示している。画面中央奥に一人で着席しているのがルイ13世。全員お仕着せを着用して隊列を組んだサービスチームにより、大皿に盛った数種類の料理が一度に供されようとしている。これらの大皿がたいらげられると、前回とは異なる数種類の料理が、やはり大皿に盛られて一度に供される。各回が「サービス」と呼ばれ、この当時は祝宴の性格に応じて4回から6回の「サービス」がおこなわれていた。「二重のシンメトリー」の原則にしたがって、「サービス」のたびに、必ず前回と同数の大皿が前回と同じ場所におかれなければならなかった。

Bosse Abraham（1602-1676）: « Festin donné par Louis XIII aux nouveaux chevaliers de l'ordre du Saint-Esprit »

多くの食卓ではロースト料理の数が不足してしまった。ヴァテルはこの最初の失態に神経が興奮しきってしまい、その夜は悶々として不眠に悩まされ、眠れぬままに起き出してその日の饗宴用の食材を確認すると、昼食用の魚もまた不足していることに気がついた。彼は、魚の卸商への発注状況を把握するのにふたたび疲労困憊してしまう。発注先が一軒ではなく複数にわたったため、余計に確認が難しかったのだった。孤立無援、必要な情報もないままに彼は不名誉の思いに苛《さいな》まれ、完全に意気消沈し、ついに己の剣を我が身に突き立てて命を絶ったのだった。一六七一年四月二十一日のことだ。その死と若干の事情についてはセヴィニェ夫人の書簡で触れられていて、夫人は「五万エキュもする祝宴なのに、あるまじきことだわ」と感想を述べている〔この悲劇は、二〇〇〇年にローランド・ジョフィ監督、ジェラール・ドパルデュー主演で映画化されている。邦題『宮廷料理人ヴァテール』〕。

　太陽王ルイ十四世は、七十年にわたる長い治世のあいだに、テーブルマナーを規定する勅令を発している。この国王は大食漢かつ美食家で、祝祭と食事を彩る「食卓をめぐる技芸《アール・ド・ラ・ターブル》」の豪奢さをこよなく愛し、さかんに古典的フランス式サービスを奨励した。さらに宮廷人はじめ王族に至るまであらゆる地平で彼の権力を確立するため、クリスタル、銀器、メッキ類、陶磁器などまでを含めて「食卓をめぐる技芸《アール・ド・ラ・ターブル》」に関する詳細な政令さえ発令している。

3　十八世紀

十八世紀初頭、古典的フランス式サービスはヴェルサイユ宮殿の豪奢とともに洗練の絶頂期を迎えていた。全ヨーロッパの宮廷におけるモデルとなったばかりでなく、各貴族の個人邸宅や城館でも取り入れられ、食卓でのサービス規則としても、食卓での上席権や大皿の配列の仕方についても、古典的フランス式サービスが本格的な制度となったのである。

食卓のどこに座るかというプロトコル、つまり上席権は、会食者の身分に対応していたので、食卓での席次は当時の社会を反映していた。皆が自分の階級と貴族の称号に応じて食卓に着き、食べたのである。料理とサービスは芸術として認知されるに至り、大貴族たちはそれに没頭した。なぜなら、大貴族であるためには、「アンフィトリオン」として認められる必要があったからだ。ヴェルサイユ宮殿において優雅さの極致にまで磨かれ儀礼化されたこの芸術は、ルイ十五世（在位一七一五～一七七四）とルイ十六世（在位一七七四～一七九二）によってそのまま受け継がれた。

アンフィトリオン

古典的フランス式サービスとプロトコルの普及によって特権的な席が一目で判別できるようにな

り、食卓の席決めはきわめて政治的な性格をもつことが広く知られるようになった。会食者の席は、「アンフィトリオン」と呼ばれるその家の主人によって前もって決められる。

アンフィトリオンとは、ギリシア神話に登場する人物で、ローマ時代の喜劇作家プラウトゥスの作品『アンフィトリオン』に触発されたモリエールの同名の喜劇（一六六八年作）にも登場する。彼が大宴会を催すところから転じて、招待客を指名し、会食の場の快適さに注意を払う人物の代名詞となった。

フランス近代の代表的なアンフィトリオンとしては、リシュリュー、マザラン、フーケ、コンデ公、グリモ・ド・ラ・レニエール、ブリア＝サヴァラン、カンバセレス、タレーラン、オルレアン公フィリップなどが挙げられる。

アンフィトリオンは、招待主であり、会食者全員の席と同時に貴賓席を決め、多くの場合、皿《アシエット》の上に全会食者の名前を記した厚紙《ブリストル》を載せておく。お察しのとおり、貴族たちは皆このアンフィトリオン役を演じたがった。席の割り振りの巧拙こそが、その会食の快適さ、雰囲気、喜びを左右するものであり、彼のレセプションが噂になり、ほかの高位の貴族たちの尊敬を集めるか否かの分かれ目になったからだ。

いずれにしてもアンフィトリオンは、自身の城館や大邸宅、あるいはブルジョワ的な屋敷を持ち、権力を握り、豊かで、教養高く、「食卓をめぐる技芸《アール・ド・ラ・ターブル》」と饗宴風の料理、それに会食を主催して友人たちを招くことをこの上なく愛好する人物である。したがって、アンフィトリオンであるためには、まずは会食者を迎えるその家の主人であり、楽しさあふれる雰囲気を醸《かも》し出して招待客の間《ま》を取り持

1770年頃、ド・ザルム伯（アルザス・ロレーヌからヴォージュ地方を領した神聖ローマ帝国以来の大貴族）のシャトーにおける古典的フランス式サービスによる夜食（スペ）の風景。あいかわらずワインとグラスは食卓にはなく、画面左端のビュフェの上に置いてある。今しもメートル・ドテルとその部下がワインをサービス中で、何人かの椅子の足下にはワインを冷やすためのバケツがおかれ、中にボトルが入っている。祝宴とは異なり、長円形のテーブルを囲んで着席しており、会食者17人に対して画面に見えるだけでも8人がサービスしている。
Mairie de Raon, L'Etape-Vosges

てなければならならない。

さらに、彼に仕えるメートル・ドテルやエキュイエ・トランションおよび召使たちと一緒に「サービス」に応じて食卓を整える手助けもし、会食者の皿《アシエット》が空になっていないか気を配り、さまざまな料理を説明して勧めることもできなければならず、さらに家禽やジビエ、肉を切り分ける技術も身につけていなければならない上に、料理に応じて会食者の皿《アシエット》が新しいものになっているかに気をつけ、かつそれぞれの「サービス」が終わるごとにナイフ、フォークなどを替えさせなければならなかった。なぜなら、食卓で隣に座った客や従僕に汚れた皿《アシエット》を出して別の料理を盛るように頼むのは、良い教育を受けた人物のすることではないからである。

フランス大革命（一七八九年）の時代――最初のレストランと言葉の定義

饗宴の場を含めて、王侯貴族が支配階級内部の政争に関心を奪われ、人民の生活に無関心であり過ぎたことが一七八九年のフランス大革命を惹き起こすことになる。大革命は、貴族階級の豪奢な生活へのまことに重い一撃となったのだ。

フランス革命による王政の崩壊と貴族の転落は、生活習慣・風俗の面でも一大転換期をもたらした。革命直後の混乱が落ち着くと、これまで貴族体制の中で生きてきたすべてのオフィシエ・ド・ブーシュ、料理人、メートル・ドテルたちは、別の生き方を選択しなければならなかった。ある者は他のヨーロッパ諸国に亡命した旧主に従ってフランスを離れ、ある者は転向して革命後に抬頭してきた新興ブルジョワジーや新指導者層に仕えたが、パリで自分自身のレストランを開業する者も出現したの

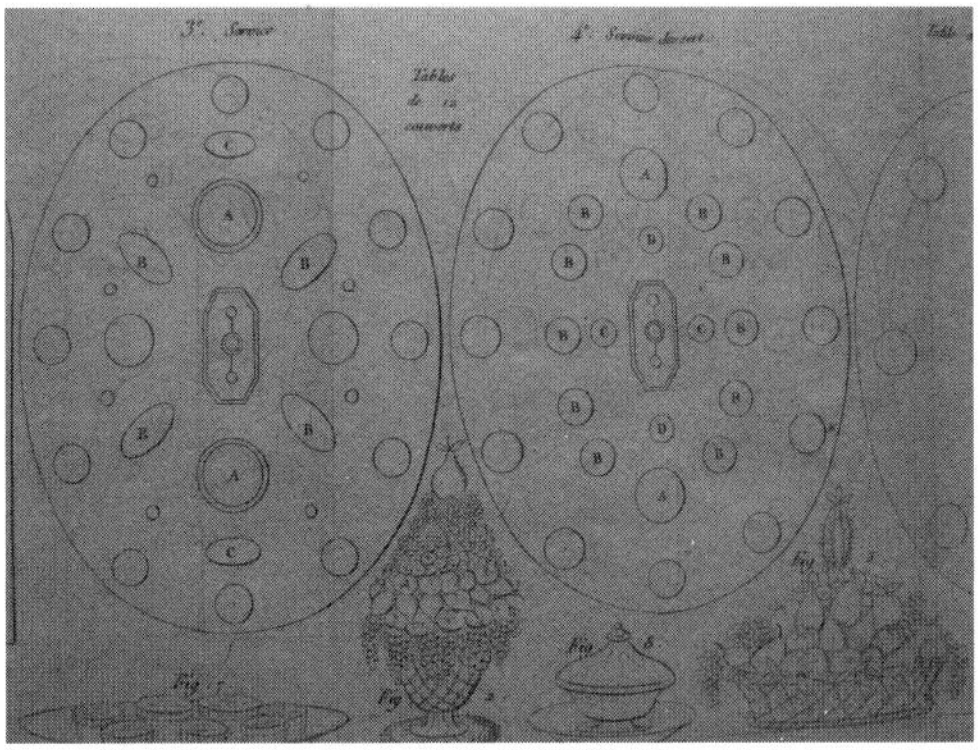

長円形のテーブルにおける12席の古典的フランス式サービスのレイアウト図。左から第3、第4「サービス」のレイアウトで、依然としてシンメトリーに対する強いこだわりが認められる。
Cardelli: «Manuel du Cuisinier et de la Cuisinière », Bibliothèque Municipale de Dijon

である。

　中世以来、多くの旅籠《オーベルジュ》や居酒屋《タヴェルヌ》が存在し、そこではいわゆる「ワインと皿《アシエット》」が供されてきた。喉を潤《うるお》し、「ターブル・ドット」と呼ぶ相席のテーブルで食事ができた。

　しかしこうした場は、きわめて庶民的な顧客層を想定したもので、供される料理も田舎風で洗練されたものではなかった上に、オーベルジュの経営者が用意した一種類のコースしかなく、顧客は料理を選べなかったし、サービスする者もよく訓練されてはいなかった。またフランスの街道沿いには、郵便の宿駅《ルレ・ド・ポスト》が点在し、そこでは宿と食事に加えて、当時はきわめて重要だった替え馬が手に入った。しかし、これもまた十九世紀初頭のレストランとはほど遠いものだったのだ。

　レストランという言葉は、「価格が明示され、コースあるいは単品での食事が供され、営業時間も決まっている場」を意味している。起源は、大革命以前の一七六五年にブーランジェ夫人というブイヨン商が、自宅で「ブイヨン・レストラン」の名で顧客にブイヨンを供して元気を回復《レストレ》させたのが始まりだと言われている。彼女の家の前には、「空っぽの胃袋たちよ、私が元気を回復させてあげるからやって来なされ！」という看板がかかっていたという。

パリで最初に今日的な意味でレストランの名に価する店が開業したのは革命前の一七八二年で、アントワヌ・ボーヴィリエが始めた。彼は、あたかもコンデ公付きか、革命後のプロヴァンス伯（のちのルイ十八世）付きのオフィシエ・ド・ブーシュであるかのように、きちんと正装してサービスチームを率い、料理とワインについての完璧な知識を駆使して顧客にサービスしたと言われている。

いずれにせよ一七八九年頃には、パリにはすでに少なくとも百店程度のレストランがあった。革命後、新指導者層や新興ブルジョワジーが登場すると、一八〇三年時点でその数は評判が良い店だけでも四百店以上に拡大したと美食家グリモ・ド・ラ・レニエールが語っている。この言葉は、彼がブリア＝サヴァランと創始した本格的なパリのレストラン・ガイドの嚆矢となる『アルマナック・デ・グルマン（食通年鑑）』（一二九頁参照）の最初の号に掲載されている。

パリで最初のカフェ群

カフェが流行し始めたのは十七世紀末からだが、発展したのは十八世紀である。十八世紀末のパリには、二千店以上のカフェが存在した。評判をとった最初のカフェは「ル・プロコープ」だろう。十七世紀末にフランチェスコ・カペッリというイタリア人が、自分のあだ名のプロコピオに因《ちな》んで名づけた店で、パリのカフェ第一号と考えていい。この店では、流行の飲み物やコーヒー、紅茶、ココアなどと一緒にパティスリ、砂糖漬けも売ったし、夏になると凍らせた飲み物やソルベも扱った。「ル・プロコープ」のもうひとつの特徴であり、当時としては革命的なアイディアだったのは、店内に日刊の新聞を置いたことだった。これが大成功に結びついたのだ。このあとに大流行するカフェは、急速に、情報交換と人々の出会い、討論、そして噂の増幅装置となっていったのだった。「ル・プロコープ」は、かくして最初の文学カフェとなり、芸術家や俳優、作家その他の「知識人」や富裕なブルジョワ層にとっての出会いの場となったのである。大劇場がすぐ近くにあったこともあり、そこでの芸術的人生や文学的人生についての議論はしばしば素晴らしい盛り上がりをみせた。

現在の「ル・プロコープ」の店内に入ると、ルソーやヴォルテールはじめ、モンテスキュー、ダランベール、ビュフォン、ディドロなどの名前をつけたテーブルがある。彼らの啓蒙思想は迅速に普及していき、絶対王政を倒すに至るのだが、歴史家たちは、社会を覆すことになる彼らの革命的な思想が生まれたのは、こうした数々の文学カフェにおいてだっただろうと考えている。

4　十九世紀

美食評論の隆盛

十九世紀初頭、君主制を支えたほとんどの人間は追放され、新権力とともに新興ブルジョワジーが出現した。それにともなって、レストランとカフェの開店が相次ぐ。これは、フランス美食文化に根本的な影響を及ぼす社会的生活習慣の根底的な変化といえる。特に、サービスについては、その適用の場が、従来の貴族の城館や大邸宅内のダイニングルームから新興のレストランに移ったことによって決定的に変わった。

また、革命による社会の変化は、美食をめぐる新たな言説を生むことになった。なぜなら、革命後にレストランは新しい顧客層を迎えるようになったからだ。新興ブルジョワジーとともに、パリに出てきた代議士や地方政治家たちが有力顧客に加わったのである。彼らは貴族階級の美食の規則などはあまり知らないし、ワインと料理の調和などということにも頓着がなく、テーブルマナーも必ずしも心得てはいなかったのだ。

グリモ・ド・ラ・レニエール（一七五八～一八三七）は、今日では作家、美食家、有名な「アンフィトリオン」として知られるが、同時代人に警鐘を鳴らすタイプの食通で、弁護士資格をとるために法科で学んだのち、美食を批評する道を歩んだ人物である。パリジャンがもてはやす最初のレストランの一群が出現する時期と軌を一にして、彼はブリア＝サヴァランとともに美食評論という固有のジャンルを創始した。『アルマナック・デ・グルマン』がそれで、一八〇三年から一八一〇年までの七年間にわたって刊行されたパリにおける最初のレストラン・ガイドである。二人は、「味の審査員」つまり「職業的美食家」を創造した。彼らは分析し、批判し、判断したものに名前をつけること、料理、レストラン関係者、料理名に点数をつけることを好んだ。味の審査結果が掲載され、レストランの等級がわかりやすいラベルと推薦文で示された。しかし、この出版は一八一〇年で中止されてしまう。多くのレストランが、この本に対して訴訟を起こしたからである。

ブリア＝サヴァランは、のちに世界的に有名になる『美味礼賛』（原題通り『味覚の生理学』とも訳される）を長年にわたって書き続け、死の一年前、一八二五年に出版した。美食に関する考察として魅力あふれる好著で、ブリア＝サヴァランは「食卓とは、少なくとも最初の一時間は決して退屈しない場である」という導入で味覚の生理学をひもといていく。曰く、「諸国民の運命は、彼らが栄養を摂るやり方次第である」、曰く「君の食べているものを言ってごらん、君が何者か当てて見せよう」。この二番目の言葉は、世界的に有名な箴言となっている。

グリモ・ド・ラ・レニエールは、一八〇八年に『アンフィトリオンの手引書』を出版した。食卓での立ち居ふるまいについての一種のガイドというか、むしろ聖書と言うべきもので、ゲストの迎え入れから食卓での規則にいたるまでを網羅している。彼は十九世紀初頭にふさわしいゲストの善き迎え方、美食家的な礼儀の数々、食卓でのふるまい方について、新興ブルジョワたち、新体制の新指導者層に向けて書いたのだった。つまり、グリモ・ド・ラ・レニエールはこの本によって、美食の場でのサービス全般にまつわる礼節に基礎を置きながら、十七世紀に起源をもつ貴族的な「食卓をめぐる技芸《アール・ド・ラ・ターブル》」を、革命後に抬頭した新興ブルジョワジーの嗜好に合わせて民主化しつつ回復したのである。食卓における肉の切り分け技術、会食者の迎え方、食卓にのせられた料理の説明、ゲストたちの席の指定、食卓での典礼《プロトコル》など、彼が示す美食家としての礼儀を構成するそれぞれの要素を熟慮することによって、食事をともにするというきわめて真面目な領域での規則を各人なりに確立することができる。グリモ・ド・ラ・レニエールは、『アンフィトリオンの手引書』によって、食卓での喜びが、心遣いや席の選択、会食者の顔ぶれの上に成り立つものであり、とりわけ会食者の組み合わせこそが料理の組み合わせ以上に精緻に考え抜かれなければならないことを詳しく伝えた。ゲストの迎え入れ方も、肉の切り分け方も知らず、会食者の快適さも思い遣《や》れないアンフィトリオンなどは、文字を読むことが出来ない大図書館の持ち主とほとんど同じで、いずれにしてもひどく恥ずべきことなのだ。

自邸への会食者の善き迎え入れ方の伝統的習慣の例は、十九世紀の新興レストランでも適用できる食卓でのふるまい方であった。

「敬意とは、食卓でのふるまい方を良く知ることである」

グリモ・ド・ラ・レニエールは、食事の規則はきわめて厳格なものだと言う。十八世紀末から十九世紀初頭にかけてのパリでは、夕食の開始時間はかなり早く、午後五時から六時くらいだった。ゲスト

グリモ・ド・ラ・レニエール（1758-1837）

ブリア＝サヴァラン（1755-1826）

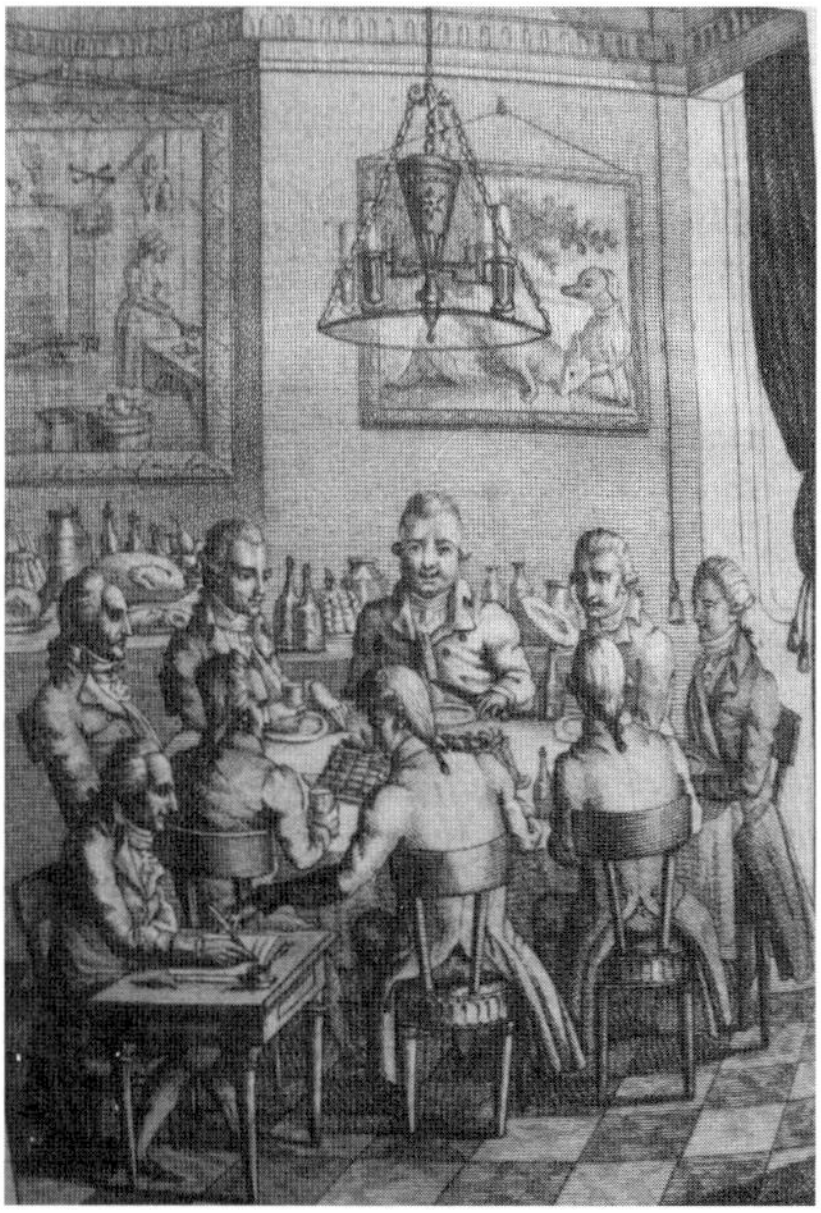

グリモ・ド・ラ・レニエールとブリア＝サヴァランによるレストランガイド『アルマナック・デ・グルマン』の挿画。ド・ラ・レニエールの友人たちが集まり、審査員としてレストランとトレットゥール（当時のフランス語では、レストラン経営者の意）を選出しているところ。
Grimo de la Reynière : « l'Almanach Gourmand », Bobliothèque Municipale de Dijon

『アルマナック・デ・グルマン』に掲載された美食家の寓意画。多彩な食材が整理整頓された部屋に美食家が陣取り、さまざまな料理を運び込んでくる料理人やトレットゥールを迎えては、つぎつぎに評価を書きつけている。
Grimo de la Reynière : « l'Almanach Gourmand » , Bobliothèque Municipale de Dijon

たる者は、時間には正確でなければならない。アンフィトリオンは、ゲストを迎え入れたら控え用のサロンで先客たちに紹介していくのだが、その家の主人の義務として、まずゲスト同士に共通の話題を見出させ、会話に弾みをつける。また、新たなゲストを迎えた際には、その人物の重要性と誇れる点を強調することで自分のサロンに名誉をもたらすべく、ゲストが到着するたびに、その名前を大きな声で呼び上げ、雰囲気を盛り上げなければならない。さらに控え用のサロンには、新聞、時事についての雑誌とならんで、ゲストたちが退屈せず、かつ互いに知り合えるようにダームボードやチェス盤などのゲームも用意しておかなければならない。

ダイニングルームへ案内する前に、メートル・ドテルか従僕に「クー・ダヴァン」（本来は乾杯用の酒のこと。ここでは、今日のアペリティフに相当）をサービスさせる。このときにサービスする酒としては、十八世紀以来大流行していたヴェルモットが推薦されている。ヴェルモットは、十七世紀からイタリアで造られているワインをベースにした食前酒である。

この「クー・ダヴァン」ののち、アンフィトリオンは宴席が用意してあるダイニングルームへ会食者たちを案内するのだが、この場合アンフィトリオンとして躊躇なく先頭に立たなければならない。なぜなら、正餐が待っているからである。センターテーブルの主人席に進んだらその前に立ったまま、いささかも遅滞することなく手を一揖《いちゆう》することで、まずゲストの着席を促す。ここで自分が先に座ろうとすれば、その座る動作のせいで、ゲストが座るまでに無用の間《ま》が生じてしまうからだ。それぞれの席は、あらかじめそれぞれの皿《アシエット》の上に名札を置いて誰の席か明示しておくこと（今日のバンケットにおける招待客《ブリストトル》の名札に当たる）。この名札の配置は気まぐれや成り行きに任せてはならず、アンフィトリオンとして会食者の組み合わせを深く検討し、十分な時間をかけて熟慮の果てに決めなければならない。なぜなら、最上のサービスで供された最上の食事も、当を得た会食者の配置と組み合わせという配慮《アール》に欠ければ、とたんにひどく無味乾燥で大いに不愉快なものに変じてしまうからだ。悪しき配置は、会食者各人からその価値と雄弁と輝きを失わせてしまう。

つまり、会食者をどこにどう配置するかが、食事のあらゆる快適さと精神的な喜びとを左右するということなのだ。これは、どんなバンケット（宴会）でもガラ（大正餐会）でも常に生きている真実で、配置と典礼さえきちんとしていれば、どんなグループであっても私たちは誰でも互いに引き立てあうことができるのであり、またそうしなければならないのである。

古典的なフランス式の食事は、きわめて典礼的で序列化したサービス・コンセプトをもっている。原則として、会食者は自分の食べる分を、自分の前に置かれた大皿に盛られた料理から自分の皿《アシエット》に自分で取り分ける。この点に関しては、すべての料理を回転テーブルに置く中華料理の原則に似ているかもしれない〔この大皿から自分で取り分けるという部分が、フランス式サービスとして今日まで続いている〕。

しかし当時でも現代でも、フランス式の食事では回転テーブルは用いられないから、食卓の端に座る会食者たちのための仕事が礼儀として決められていた。端の席を割り当てられたゲストたちは、自分の隣の会食者に自分が欲しい料理を、隣人の食事を煩わすことなく、取ってもらわなければならなかった。つまり端に座る会食者たちは、しばしば隣席の見知らぬ会食者に依存したのだ。だからこそ、ゲスト全員の快適さと居心地の良さに気を配るというアンフィトリオンの技とノウハウが求められたのである。正餐の場に「恵まれた位置」と「恵まれない位置」がともなう以上、そこでは会食者たちの社会的立ち位置と食卓の位置をめぐって政治的なゲームが展開されたことは、容易にお察しいただけることと思う。

各会食者は自分の名を記した厚紙を確認して席に着くと、沈黙し、宗教的な儀式として主への感謝を捧げる食前の短い祈りを心のなかで唱えた。アンフィトリオンだけが起立したまま、メートル・ドテルの補助を受けながらポタージュのサービスを始め、皿《アシエット》を回させ、それが終わると、先述のとおり各会食者は各人で食卓に置かれた料理を典礼に従いながら自分で取り分けていく。このとき、ナプキンは膝の上に広げられている。大きなスプーンはポタージュを飲むためだけに使い、絶対にナプキンの上に置いてはならない。

クー・ダプレ

ポタージュかコンソメののち、純粋な〔水で割らない〕ワインを「一指分《アンドワ》」飲む。これは、温製と冷製のオードヴルを味わうために口中《パレ》をさっぱりさせるためである。一指《アンドワ》分というのは、グラスに指一本の幅分の量のワインを注いで飲むという意味である。「一指分《アンドワ》のポルト」とか「一指分《アンドワ》のバニュルス」などと使う。

現代のフランスの田舎でも、いくつかの地方には、スープを飲んだのち、そのスープ皿にグラス半量の赤ワインを注いで皿から直接飲む風習が残っている。この食習慣を「シャブロ」と言い、やはり続く食事のために口中《パレ》をさっぱりさせるという当を得た習慣であるが、これは貴族的な習慣が田舎風に転化した名残と思われる。

名誉席は、アンフィトリオンの左右であるが、彼に対面する席を始めとしてセンターテーブルの席はすべて上席である。

大皿盛りの料理の取り替え時間は「レ・ザントルアクト」と呼ばれ、メートル・ドテルに指揮された従僕たちの一団が新規の大皿をつねに数と位置が二重のシンメトリーになるように置いていく（二重のシンメトリーについては、一一五頁参照）。

皿《アシエット》は、各料理ごとに替えることが義務づけられていた。同じ皿《アシエット》に異なる料理を絶対に盛らないことが、善き趣味とされていたのだ。

ナイフやフォーク、スプーンなどのクーヴェールは、各「サービス」と各ワインのあとで、やはり従僕の手によって新しいものと替えられた。

絶対にナイフでパンを切ってはならない。必ず指でちぎること。

両手はテーブル上に出しておく。肘を卓上につくのは、きわめつきの不作法である。

肉と家禽の切り分けは、本来アンフィトリオンの仕事として位置づけられていた。しかし、あらかじめメートル・ドテルが、会食の席でのエキュイエ・トロンションの役割として、ざっと切り分けておくことが好ましいとされた。メートル・ドテルのこの立場は、その後あらゆるブルジョワの大邸宅や高級レストランにおいて、会食者のかたわらに置かれた別テーブル（ゲリドン）での仕事として永続化していった。十九世紀初頭、多くのアンフィトリオンが、メートル・ドテルによるゲリドンでの切り分けという方法を取り入れたのである。

19世紀、ブルジョワ階級の食卓でサービスするお仕着せ姿のメートル・ドテル。リトー（サービス用の大きな白い布巾）を小脇に挟んでいる。
Cardelli : « Manuel du Cuisinier et de la Cuisinière », BobliothèqueMunicipale de Dijon

グリモ・ド・ラ・レニエールは、次の二つの理由からメートル・ドテルによる切り分けを推薦している。まずは会食者の立場から見れば、高度な技術を駆使した肉の切り分け作業と切り分けられた肉自体がスペクタクルであり、それが食欲を刺激し、かつ食欲を満たすものだからである。そしてアンフィトリオンの立場から見れば、この専門的な技術を要する仕事からアンフィトリオン自身が解放され、食卓での雰囲気づくりに集中できるからである。

ワインのサービスは、食事のサービスの重要な部分を形成している。一八一〇年頃になると、ワインのボトルとワイングラスは水を入れたカラフと一緒に食卓上に置かれるようになった。それ以前は食卓の背後に設えられた小家具の上に置かれていた。なぜなら、食卓上には多くの装飾が施されており、ボトルやグラスをひっくり返してしまう危険があったからである。そして従僕がサービスを担当していたのだが、ゲストは従僕たちの気まぐれで自分の飲み物の量を決められてしまっていたのだった。グリモ・ド・ラ・レニエール曰く、「今やヴァン・オーディネール（水で割ったワイン）も『サービス』の合間のワインも、しめくくりのワインも、デザート用のワインも、カーヴから持ってきたままの姿で卓上のコースターの上ないし冷却用のバケツの中に置くのが好ましい」。そして、卓上に置かれるワインは、会食者の前で従僕がその銘柄を告げてからサービスされるようになったのである。

クー・ド・ミリュー

ロースト肉の直後にサービスされる一杯のことで、植物から抽出された消化促進効果を持つ若干苦い目のリキュールをあてることが多かった。それからあとの食事を快く進めるためである。明らかに、二十一世紀になっても宴会で供される「トゥルー・ノルマン」（青リンゴのソルベやカルヴァドスをあてることが多い）の祖型であろう。

グリモ・ド・ラ・レニエールは、さらに次のように述べている。

「ワインの最初の一杯を断ることは、はなはだ不作法である」

「口中に食物を含んだまま飲み物を飲むことも、はなはだ不作法である」

「飲み物を飲む前に唇を拭くのは、きわめて善き趣味である」

食後のコーヒーやリキュールをサロンでとるための合図をするのは、アンフィトリオンの役目である。彼はまた、ゲストが食卓から離れる際に、ぬるま湯を注いだグラスを各会食者用に準備する。この習慣は、健康と清潔さ、歯の保護と口中のさっぱり感を保つための配慮である。アンフィトリオンは、ダイニングルームを最後に出るようにしなければならない。コーヒーはサロンで供され、リキュールは卓上かワゴンに置いたフラスコかボトルに用意しておく。そして、会食者は、飲み物をいただいたのち、コーヒーカップやグラスには何も残さずにサロンの中央のテーブルにおくことが望ましい。

アンフィトリオンと会食者間の相互義務

グリモ・ド・ラ・レニエールによれば、食事のあいだの活発な会話は、健康に良く快適である。消化を助け、かつ促進してくれるだけでなく、心楽しさと魂の平穏を保ってくれる。もちろんアンフィトリオンたるもの、会食者の顔ぶれに応じて文学や科学、芸術、社交界、演劇などのエンタテインメント、美食をめぐる大きな話題を提供することで、この種の会話を食卓に創り出す術《すべ》を知らなければならない。したがって、アンフィトリオンは食事のあいだ、よく会食者を観察し、彼ら一人一人がその夜は「我こそが独自性を発揮していたのだ」と思えるか、少なくとも「主要な注目の的になった」と信じられるように配慮を続けることが求められる。つまり会食者たちそれぞれが輝くように、話題を提供することを忘れてはならない。そして会食者たちは、大いに食べ、大いに語ることが求められている。

グリモ・ド・ラ・レニエールが、十九世紀初頭に生まれた新興ブルジョワジーを中心とした揺籃期の市民社会を教育するために巧みに説明した内容は、彼の時代から二世紀以上を経た今日でも、多少の改訂は要するものの、進化を続ける風習の中で食卓の伝統として生き続けている。彼は、「結局は人生と社会のすべては相互的で、義務と権利の連鎖によってしか支えられていない」と言い、人間の美

アンフィトリオン（本来は宴席を主宰する屋敷のオーナーのこと。転じて、権限を移譲された管理役であるメートル・ド・メゾンやメートル・ドテルを指す）の第一の義務は、毎朝欠かさずに料理長とその日の会席について打ち合わせせることである。
Grimo de la Reynière : « l'Almanach Gourmand », Bobliothèque Municipale de Dijon

徳は、「喜びを与えることを愛し、善き趣味を持ち、寛容であり、みごとにできあがったものごとを慈しみ、生きていることに恩寵を感じ、心を込めることを知り、精神に快活さを養い、目立たないように職務を遂行していくことに存するのだ」と述べている。

グリモ・ド・ラ・レニエールが言うところをホール・サービスの今日的状況に当てはめるなら、自分以外の他者に価値を置くことこそ、善きメートル・ドテルとしての主要な価値観の一つであるということだ。これは、日本において善きサービスのプロになる上でも有効な考え方だろう。食卓でのあるべきふるまいは、人としての在り方と生き方に裏打ちされていなければならないとする彼の規範は、二十一世紀に生きる私たちにとってもその意義を失っていないと思える。

一八一〇年から一九〇〇年まで——ロシア式サービスの登場あるいはフランス料理の黄金時代

このように十九世紀初頭こそ、新興のレストラン群の展開とともにサービス方法が根本的に進化した時代であった。実際、効率を求める商業的要請と、民主的であることを求める社会的要請から、レストランでは、古典的フランス式サービスのように「サービス」を何回かに区切り、それぞれの「サービス」で一度にさまざまな料理を供するのではなく、食事の段階ごとに会食者全員に同じ料理を供し、時間の流れに沿ってさまざまな料理を逐次供していくことが求められた。これがロシア式サービスであり、ここに近代的なレストランの誕生を見たのだった。

サービス方法のこうした変化は、当然ながら、厨房における仕事、とりわけ料理の提供の仕方に大きく影響した。そしてメートル・ドテルにとっては、新しいサービス・スタイルと顧客との新たな商業的関係の始まりを意味した。フランス風の格式の高いサービスは、それまではアンフィトリオンの役割を強調する一方で、銀器、磁器、ファイアンス、クリスタル、それに加えて食卓を富の陳列棚と化すような豊かな装飾を施した料理という局面での「食卓をめぐる技芸《アール・ド・ラ・ターブル》」に重きを置いてきた。そしてそれは、ナポレオン一世から三世までの帝政時代と、それ以降に至るまで、ブルジョワジーの大邸宅や個人の城館では単純化された形ながら再現されていた。しかしそこでも礼儀作法は変化し、ロシア式サービスのおかげで食卓の端に座らされた会食者たちも、ほかの会食者たちと同じ料理を食べられるようになったから、もはや食卓の端に座らされるという「いじめ」を耐える必要はなくなり、口にできる料理をめぐる場所に関する嫉妬は解消したのだった。

アントナン・カレーム

しかしこの新方式によって、フランス式サービスの特徴だった眩《まばゆ》いばかりの食卓の偉大な姿は徐々に消滅していくことになった。ただ一人、アントナン・カレーム（一七八四〜一八三三）が、古典的フランス式サービスへの郷愁を感じさせる食卓を演出した。換言すれば、彼こそ古典的フランス式サービスの完成者と呼べるだろう。カレーム自身、ロシア式サービスを知っていたが、高貴な人物が主催する饗宴で一皿ずつ料理を供するのでは、豪華さや歓迎の意が伝えきれないとして採用しなかったといわれている。彼は多くの重要な著作を残している。そのなかでも、『フランス料理』『フランスのパティスリ』『フランスのメートル・ドテル』が抜きん出ている。

カレームは、ナポレオン総裁政府から第一帝政期および王政復古政府で外務大臣を務めたタレーラ

アントナン・カレーム（1783-1833）
Portrait, collection de la Bobliothèque Municipale de Dijon

19 世紀中頃のボナパルト・マシルド王女（1820~1904）の食堂。パリ 8 区から 17 区を貫くクールセル通り 10 番地に現存する屋敷の内庭にあった。画面左奥に立つメートル・ドテルは、当時のブルジョワジーの屋敷で一般的だったお仕着せを着用している。
Giraud Sébastien Charles（1819-1892）: « La Salle à manger de la princesse Mathilde, rue de Courcelles »

ンに仕えたのを皮切りに、ロシアのアレクサンドル帝のオフィシエ・ド・ブーシュを務めたのち、オーストリアのフランツ一世に仕え、ジェームズ・ロスチャイルド家でその経歴に終止符を打つ。アミアンの和約成立記念晩餐会やウィーン会議中の連夜の宴席など、歴史的な饗宴を超豪華な古典的フランス式サービスの食卓で演出、壮麗なピエス・モンテの制作に比類ない才能を発揮した。ピエス・モンテとは、すべて食材でできているいくつものパーツによって、食卓上に有名な建築物や記念碑、庭園を象って組み上げた料理や菓子のことで、カレームの作品は、ときに高さ数メートルに達し、その上で道化師が踊れたと言われている。

ところで、この「オフィシエ・ド・ブーシュ」という肩書きを得るためには、メートル・キュー（料理人）としての才能とメートル・ドテルならびに家令の能力とをあわせもつ必要があった。なぜなら、十七世紀から十九世紀にかけて、この肩書きをもつ者こそが、食事を指揮、コーディネートし、当時の王侯、領主、ブルジョワジーの饗宴を企画したからだ。

十九世紀中盤から末にかけて、ヨーロッパではフランス式とロシア式、二つのサービス方式が混交して共存した。レストランでは、フランス式にゲリドンを使ったホールでの切り分け作業をともないながらも、商業化・民主化に対応して、異なる料理が同時にではなく時間の流れに沿って逐次供されるロシア式サービス方式が適用され、個人の邸宅やブルジョワの屋敷でも、以下に述べるように古典的フランス式サービスの記憶と技術とをとどめつつ、ロシア式サービスがおこなわれていたのである。

ブルジョワの屋敷でおこなわれていたフランス式サービスについては、ユルバン・デュボワ（一八一八〜一九〇一）とエミール・ベルナール（一八二六〜一八九七）というプロイセンの宮廷に仕えた二人のシェフが、「大きな塊のままの温製の料理を載せた大皿は、もはや食卓やビュフェに供されなくなり、厨房で切り分けられ銀盆に盛りつけられるようになった」と書き残している。メートル・ドテルとそのブリガードは、ロシア式に単一の料理を載せた銀盆に大きなクロッシュをかぶせ、これを厨房からホールに運んで会食者に中身を提示し、各会食者はフランス式にそれぞれの食欲に応じて望むだけの分量を自分で取り分けたのだ。この場合、メートル・ドテルは、料理の説明をしながら会食者が取り分けるのをできるだけ手伝う。しかし料理とレセプションのスタイルによっては、メートル・ドテルが厨房から運ばれた皿の中身を会食者に提示したのち、それを食卓の近くに設えたゲリドンで切り分け、熱くした皿《アシエット》に取り分け、ブリガードが各会食者に供することもあった。こうしたサービスのやり方は、のちのロシア式サービス技術の基礎となっていった。

もともとロシア式サービスは、十九世紀頭にロシア皇帝の王子で一八〇八年から一八一二年までパリ駐在ロシア大使を務めたアレクサンドル＝ボリソヴィッチ・クラキヌが伝えたものだった。彼は自分付きの料理人とメートル・ドテルを伴ってパリに赴任したが、本国に居た頃から、彼の邸宅での正餐ではあらかじめ決められた順番で連続的に料理を供していたのである。気温の低いロシアでは、古典的フランス式サービスにのっとって大皿で一度にさまざまな料理を供すると、ほとんどが冷めてしまう。これを防ぐために、一皿ずつのサービスが取り入れられたと言われている。クラキヌ大使は、自分の大使館でも同じスタイルで食事を供した。これが次第に、レストランやブルジョワの邸宅などでも取り入れられていったのだった。

かくして食事の見せ場は、もはや食卓の上ではなく、ゲリドンという「舞台」に移った。それ以

「カナール・オ・サン」を用意する筆者。補助している料理人は、実弟のダニエル・ソレール。使用している銀のプレス器は、1903 年のクリストフル製。

来、メートル・ドテルがレストランのホールで会食者の注目を浴びる主役となり、それは二十世紀の初めまで続いたのである。この時代、メートル・ドテルはまた、もっとも名高いレストランに通うブルジョワジーに貴族的な生き方の一端を手ほどきするという役目も果たしていた。

「トゥール・ダルジャン」の総支配人でメートル・ドテル兼オーナーでもあったフレデリック・ドゥレールは、ホールで注目を浴びたメートル・ドテルの好例だろう。彼は一八九〇年に有名なレシピ「カナール・オ・サン」を発明し、顧客が食べた鴨がこのレシピで調理された何羽目の鴨なのかわかるように番号を記入したカードを渡した。「カナール・オ・サン」とは、窒息させた鴨の胸肉を、カルカス（ガラ）から絞った血液でつないだフォアグラ入りの赤ワインソースでからめた料理で、胸肉のあとは、あらかじめはずしておいたモモ肉が供される。なお、この習慣は、一九一一年にテライユ家がこのレストランのオーナーになって以降、今日まで継続する同店の伝統となっている。

一九〇〇年代、パリのロワイヤル通りにある「マキシム」のような美食系のレストランなら、どの店でも、肉の切り分けやフランバージュ〔ポワルに置いた食材にリキュールをふり、これに火をつけてアルコール分を飛ばし、風味だけ残すこと〕でにぎわっていた。当時「マキシム」の首席メートル・ドテルだったアルベール・ブラゼールは、ゲリドンでの魚、家禽の切り分け、デザートのフランベなどでホールのにぎわいを演出する主役となる一方、新たに「ステーク・アルベール」と呼ばれるレシピを創造した。「ステーク・アルベール」は、ゲリドン上で仕上げる肉料理の代表で、「ステーキ・オ・ポワヴル」の一種。ステーキ・オ・ポワヴルは、厨房でコショウをふって焼いた肉をポワロンに置き、コニャックでフランベしたあと、保温用の皿に取りおいて、冷めぬようにスープ皿で蓋をする。フランベで出た肉汁をポートワインで煮溶かしてから、フォンドヴォーを加えて煮詰め、次にクリームを加えてよく混ぜ、さらにバターを加え、塩加減する。これを保温しておいた肉にからめて温かい皿で供する。ある日、ステーキ・オ・ポワヴルを注文した顧客が、コショウの効きに一向に満足しないので、アルベール・ブラゼールは肉を二度厨房につき返し、最後にフライパンの底で砕いたコショウをたっぷりすり込んで焼かせ、ついに満足させたという逸話から、「ステーク・アルベール」の名がついた。

料理人たちがレストラン文化を生んだとすれば、二十世紀初頭にレストラン文化を発展させたのはメートル・ドテルたちだったのである。

5　二十世紀

パラス（超高級ホテル）とツーリズムの誕生

十九世紀末から二十世紀初頭は、フランスを中心として欧州に貴族的なツーリズムが生まれた時期でもあった。そしてツーリズムは、パリ・ニース間を中軸に、カンヌ、モンテカルロ、ビアリッツ、ドーヴィルなどの保養地に建設されたパラス（超高級ホテル）からパラスへと泊まり歩く新たな顧客層を生むとともに、ヴィシー、エヴィアン、エックス・レ・バンなど療養のための鉱泉の名所をめぐるツーリズムも生んだ。さらに忘れてならないのは、海上に浮かぶパラスである超豪華客船による大西洋横断航路も隆盛を迎えたことだ。これらのパラスは、旧体制《アンシャン・レジーム》の貴族が享受した奢侈の再来と言っていいだろう。

二十世紀初めは、「料理人の帝王」と呼ばれたオギュスト・エスコフィエ（一八四六〜一九三五）の創造的な足跡と想像力によって特徴づけられている。彼こそが、古典料理を再構築する規範《コード》を準備したのである。彼は、近代生活に合わせて盛りつけを単純化し、つけ合せを軽くし、肉や魚とソースを調和させることで、食材の自然な味わいを覆い隠さない料理を探求したのだった。彼の著作『ギッ

1930年代のフレンチレストランにおけるメートル・ドテルのカリカチュア。当時、この職業では、燕尾服が一般的だった。
la revue « l'Amphitryon de l'AMIH»,
Bobliothèque Municipale de Dijon

パリ市商工会議所と同会議所傘下のテコマ校の共催で1996年に開催されたエスコフィエ生誕150周年記念「エスコフィエのレシピによる料理の夕べ」のポスター。

ド・キュリネール（料理の手引き）』は、今日でもなおフランス美食文化にとってもっとも偉大な参照体系の一つであり、すべてのホテル学校で引用されている。

二十世紀初頭、フランスは「食卓をめぐる技芸《アール・ド・ラ・ターブル》」とホテル・レストラン経営の両面で抜群の技術的優位性を有し、ヨーロッパ全土にそのノウハウを輸出した。セザール・リッツはスイスに生まれ、フランスでキャリアを開始し、フランス国外におけるメートル・ドテルのノウハウの顕揚者であり旗手となった。彼は、パリの超高級ホテル「スプランディッド」の客室係から身を起こし、同ホテルのレストランでシェフ・ド・ランに昇進したのち、当時人気を集めていた高級レストラン「シェ・ヴォワザン」へメートル・ドテルとして異動すると、パリ中の芸術・文学・政治の重要人物に親しんだ。「シェ・ヴォワザン」はリッツにとって、上流階級の心理を学ぶ、この上ない学校となった。その後、スイスの超高級ホテル「ルセルヌ」の支配人からモナコの「グランド・ホテル」へ移るなど、彼は職業上の「旅」をくり返してキャリアを積んだのだった。

セザール・リッツにとっては、ほんの些細なことでもそれなりの重要性をもっており、顧客満足のためならやり過ぎということはなかった。彼は、「人々はサービスされることが好きだ。ただし、サービスされていると気づかされないかたちで！」と言っている。彼が定めた規則は、ホテル関係者のあいだで四つの定言として知られている。

「ジロジロ見ることなくすべてを見よ」
「聴くことなくすべてを聞け」

「卑屈にならぬよう気をつけろ」

「それとなく要望の先を行け」

彼は、ある日、一人のメートル・ドテルに「顧客は常に正しい」と言った。この言葉こそ、彼に巨万の富をもたらすことになった信条なのだ。

一八八七年、セザール・リッツはオギュスト・エスコフィエとともにバーデン＝バーデンにレストランを開店し、次いで、やはりエスコフィエとともに、ロンドンのホテル「サヴォイ」の経営陣に加わった。そして一八九七年にパリのヴァンドーム広場に超高級ホテル「リッツ」を建設した。二十世紀を迎えると、ロンドンに「カールトン」を開設、一九〇五年には同市のピカデリー地区に自分自身の名をつけたホテルを建て、翌年にはマドリッドにも「リッツ」を建設した。セザール・リッツは、一九一八年にスイスで没するが、今日「リッツ」の名はあらゆる言語で豪華さの同義語になっている。


二十世紀の前半は、ツーリズムに刺激された美食によって特徴づけられ、料理は地方ごとのテロワール〔限定された地域特有の気候風土〕に基礎を探るようになった。一九三五年、フランスでは各地方のテロワールが産み出す食材を保護するためにＩＮＡＯ（国立原産地・品質管理協会）が創設され、ＡＯＣ（原産地呼称統制）が制定された。この制度は、当初はワインを対象としていたが、チーズなどほかの食材にも展開していくことになった。そして二〇〇八年以降は、ＥＵレベルで共通の原産地呼称統制としてＡＯＰ（原産地呼称保護）が制定されるに至る。

このように一九三〇年代に顕著になるテロワールの食材を用いた料理の探求を先導したのは、

一九〇〇年に創刊された『ギッド・ミシュラン（ミシュラン・ガイド）』だった。この赤い小冊子は急速に部数を伸ばし、今日では美食の世界を律するまでになっている。一九二六年には評価結果をいわゆる星（フランスでは同ガイドの星の形から「マカロン」とも言う）であらわすようになり、最初の星付きレストランの出現とともに「ミシュランの星」は卓越したサービスと料理、つまり優れた「食卓をめぐる技芸《アール・ド・ラ・ターブル》」の象徴になった。そのほかの主な食のガイドとしては、一九七二年に『ゴ・エ・ミヨ』、一九八二年には『ボッタン・グルマン』が刊行されている。

こうしたガイドブックとは別に、一九五四年、アルデッシュ県にある「オテルリ・ラ・カルディナル・ベ」のオーナー、マルセル・ティロイ夫妻は『ギッド・デ・ルレ・ド・カンパーニュ（田園の宿駅案内）』を出版した。このガイドで紹介された部屋数の少ない小規模超高級ホテル・レストランを糾合する形で、一九七五年に「ルレ・エ・シャトー」グループが結成された。二〇一二年現在、厳格な加入資格を満たして同グループに加入しているホテル・レストランは、所在地こそ五大陸五十五カ国にまたがるものの、総メンバー数は四七五軒に過ぎず、各国固有の文化に応じた卓越したもてなしを提供している。

十九世紀末から二十世紀初頭にかけて生まれた貴族的ツーリズムのおかげで発展したホテル産業は、膨大な人材需要を生み出した。求められているのは、料理、ホールでのサービスを中心とする総合的な「食卓をめぐる技芸《アール・ド・ラ・ターブル》」の真髄を身につけた人材である。この需要を満たす初めての試みとして、一九一八年、最初のホテル学校がニースに建設され、ホテル・レストランのプロフェッショナルを志す若者たちに、過去四世紀にわたる貴族の邸宅や城館における豪奢さの遺産を伝承することになった。その最初の成果が、同校のルイ・レオプソ教授が著した『ホテル産業概論』で、英語、イタリア語、ギリシア語、日本語などに翻訳されている。

一九三〇～一九六〇年代――地方料理、テロワールの料理

プロスペール・モンタニエは、オギュスト・エスコフィエと並んで当時の料理界にもっとも影響を与えた一人で、一九〇〇年代初頭の偉大な古典料理に関する多くの著書を残している。なかでも『料理全書』と『ラルース・ガストロノミック（ラルース料理大百科事典）』が重要である。

一九三〇年代から一九六〇年代の食文化は、地方のテロワールを軸として次第に今日的な状況へとつながっていくのだが、メートル・ドテルは以前と同様ホールにおける中心的な役割を担っていた。メートル・ドテルは、エキュイエ・トランションの正統的な後継者であり、若干はかつてのアンフィトリオン的でもあって、食卓を演出し、ゲリドンでの作業を中心にブリガードを指揮し、ゲストを迎え入れ、彼らが快適に過ごせるようにホールに心地良い雰囲気を創り出すべく奮闘していたのである。

一九五〇年、アルベール・オリエールとアルマン・アントニエッティの二人が『レストラン・サービス』を出版、その中でほとんどの今日的なサービス技術が明示された。その後、切り分けをはじめとしてレストランでのサービスについては多くの書物が刊行され、サービスの方法も時代に合わせて改訂されてきたが、いずれも基本遵守に変わりはなく、革新的な変化をもたらすものは皆無である。

この時代にはまた、フランス料理の偉大な大使であり、作家、美食評論家のエドモン・サイヤン、通称キュリノンスキィ（一八七二～一九五六）が君臨していた。

一九七〇～一九八〇年代――ヌーヴェル・キュイジーヌとヌーヴォー・セルヴィス

一九七〇年代に入るとフランスを含むヨーロッパ全体は大きく変化し、「ヌーヴェル・キュイジーヌ」を標榜するシェフの一群が登場してくる。料理が問い直される場合というのは、例外なく社会的な風習や風俗、流行の変化と食に対する嗜好の変化が起こっているのであり、一九七〇年代の料理界の変化も、フランスの学生が主導した一九六八年のいわゆる「五月革命」を料理の世界で引き継いだ「彼らの革命」だったのである。

この時代は経済成長期にあって社会的に豊かになりながら社会的変化が進み、ビジネスがらみのうんざりするほど長いパンタグリュエル〔十六世紀の人文学者ラブレー著『ガルガンチュアとパンタグリュエル』に登場する巨人の大食漢〕的な食事は消滅し、人はみなビジネス自体に時間を奪われ、十八世紀から二十世紀初頭に至るまで続いた、肥満した腹を成功の象徴とする価値観は、もはやまったく流行らなくなってしまった。それは健康志向と、伝統的な「美食」の裏返しとしての自然への回帰の始まりであり、シンプルで軽く、自然で、しばしば田舎風のタッチを感じさせる料理が好まれるようになったのだ。

シェフたちは、厨房で、これまでとは違う生き方を始めた。ヌーヴェル・キュイジーヌの運動は、料理人ミシェル・ゲラールの影響を受けて、二人のジャーナリスト兼美食評論家、アンリ・ゴとクリスチャン・ミヨによって火を点けられた。ゲラールは、この運動を展開するのに力を尽くし、アラン・シャペル、アラン・サンドランス、ロジェ・ヴェルジェ、ポール・ボキューズなど、ほかのシェフたちとも連携した。特にポール・ボキューズは、この運動を海外に伝播する上で先駆的な役割を果たした。料理の創造に新たな可能性が生まれ、パリの「グラン・ヴェフール」のレイモン・オリヴェールのように市場の入荷状況に応じて柔軟にコースを考案するシェフも出てきた。またオリヴェールは、テレビに登場した初めての料理人で、彼の番組は十四年間続いた。

とはいえ、人は数世紀にわたって受け継がれてきた料理の伝統からそう簡単に解放されたりはしない。この運動に異議を唱えるシェフたちもいて、とりわけ皿の上での行き過ぎがいくつか顕在化したあとではヌーヴェル・キュイジーヌに公然と抵抗した。だが、ヌーヴェル・キュイジーヌは軌道に乗り、始まって数年のうちに、フランスの美食文化の創造的精神に根本的な影響を与えることになった。

いずれにせよ、一九七〇年代から一九八〇年代、レストランは二つの極のあいだで進化していったと言えよう。つまり、伝統と革新の両極である。一方は地方料理という伝統的な方向であり、他方はヌーヴェル・キュイジーヌ的な、美的で視覚に訴え、味と風味、ダイエット効果と同じくらいプレゼンテーションを重視する方向である。

ところで、このヌーヴェル・キュイジーヌとともにヌーヴォー・セルヴィス（新しいサービス）がおこなわれるようになった。このサービスはスピーディでシンプルであることを旨としたが、同時に旧来から存在するクロッシュ・サービスが、目を楽しませる要素として積極的に取り入れられたりもしたのだった。

メートル・ドテルという仕事《メチエ》の変化

この時代、料理の盛りつけもシェフの自己表現として重視されるようになり、「皿盛り《アシエット》サービス」が主流となった。大皿に盛った料理やココット鍋の中の料理を客に見せてからゲリドンで切り分けたり、フランバージュしたりというスタイルは捨て去られ、厨房内でそのシェフなりの特徴を出した盛りつけを施すようになったのである。メートル・ドテルは、次第にゲリドンの制空権を失っていった。彼らは、「これは社会の変化にともなう一つの流行だろうが、とはいえ自分たちに選択肢はないのだろうか?」と自問しているうちに、あまりにも目立たなくなり過ぎてしまった。これに対して、シェフたちはメディアに登場する機会を探りながら自分たちの仕事《メチエ》に見合う認知を獲得して、次第にレストランのオーナーになっていった。

この時期、メートル・ドテルはホールで従来よりも技術的難度の低い役割を演じながら、次第に営業的な側面を開発し、顧客の居心地を良くするために、迎え入れから始まる応対とホールの雰囲気作りに力点を置くようになっていったのだった。

6　一九八〇年から今日まで

一九八〇～一九九〇年代――現代的な食の四つの軸

エギュイエット（細長く切った肉）やムース、野菜のフランなどが流行、それが去ったのち、料理自体もソースも軽くなり、今や食材は新鮮で高品質でなければならなくなった。フランスとその他のヨーロッパ諸国における社会的経済的現象が、料理とレストラン業界にこうした重大な変化をもたらしたのだ。実際、旅行業者が開発したパック式の海外旅行をはじめとするレジャーの多様化の進展と、もはや都市部では誰も昼食をとりに自宅に帰らないことに代表される新たな労働慣行の誕生が、食の世界に次のような新たな様式をもたらした。これは、一九九〇年代から今日まで続いている。

①スピード重視（ファーストフード系）

空腹を満たすことに主眼をおいた日常の最低価格での食事。「最低限の栄養補給」とでも呼ぶべきもので、日常の就業中の食事である。社員食堂や学生食堂、サンドイッチ・バーやファーストフードのチェーン店、クロワッサントリなど。

②テーマ別（遊びの際などの食事）

このジャンルの食事をとる顧客層の最大の動機は、食事の支度をまぬがれたいということにある。

一夕、友達同士や親族が集まるようなリラックスした場や週末にレストランに出かけるような場合である。テーマはさまざまであるが、食事の場としては、しばしば肉やグリル料理、魚、ピザ、サラダの専門レストランや、あるいはエキゾティックなテーマとしてアンティル諸島風料理や中華料理、ギリシア料理、和食などのレストランが選ばれる。

③伝統的な食事（打ち解けた雰囲気が欲しい際の食事）

場としては、しばしば家族的な雰囲気のレストランや気軽なビストロ、ブラッスリーなどの古典的な環境が選ばれる。このスタイルでの食は、テロワールの食材への回帰を志向する気分に加えて、工業的に生産された食品に取り囲まれた日常に逆らってルーツを探りたいという気持ちのあらわれと理解できるよう。つまり、何を食べているのやらわからない状況を脱け出して、古典的な料理を求めているのだ。そうした欲求に応えるレストランは地方料理を供し、店構えもサービスのブリガードも和《なご》やかな雰囲気を醸《かも》し出しているから、ツーリズムやビジネスでも利用される。

④美食系レストラン（ビジネスでの会食、祝いごとの際の食事）

この最後のカテゴリーは格式の高い食の場である。しかしそうした場でも、次第に食卓でのゆったり感や、居心地の良さを目指すようになってきており、食卓の環境、すなわちテーブルクロス、食器、グラス、銀器からはじまって店構えやホールの装飾、さらにはもてなしや躾《しつけ》の行き届いたサービスの洗練度が重視されるようになっている。こうした高名で豪華な、しばしばミシュランの星を獲得しているレストランやパラス、ルレ・エ・シャトーでは、メートル・ドテルがゲリドン上で発揮する技術が、厨房のシェフの料理にとっても、顧客に対しても、さらなる付加価値を与えることになる。こうした高級レストランは、市場占有率こそ小さいが、富裕層を常連顧客として持ち、食の伝統に立った上で革新的なコンセプトを打ち出していくことで、食業界という海を照らす灯台役にとどまり続けるだろう。そして、そうした場で供される皿《アシエット》がもたらす喜びは、旬の新鮮な食材を駆使した料理と、ホールを取り仕切るメートル・ドテルおよびそのブリガードが醸《かも》し出す雰囲気とがあいまって、分かち合われるものだと思う。

一九九五年から今日（二〇一二年）まで

顧客は、次第に移り気になってきている。彼らは数多くの食の様式を試し、さまざまなスタイルでの食事を経験しているので、心をつなぎ止め、固定客化することが次第に難しくなっているのだ。そんななかでも、シェフは常にメディアの脚光浴びている。そしてメートル・ドテルは、レストランのホールで少しずつ新しい居場所を発見しつつある。今は、二つの世代が混在していると言えるだろう。一つは高級レストランで、機会があればちょっとした現代的な工夫を加えることによってゲリドン・サービスを永続させようとする世代である。

これに対して、二〇〇〇年くらいにメートル・ドテルとなった世代は、自分たちの仕事《メチエ》を再定義し、顧客対応や営業、食材に関する知識や社内教育に力点を移す方向に向かっている。これからは、メートル・ドテルという職業の基本をきちんと定義するためにも、こうした二つの世代が目指す両方の方向性に加えて、人事を含む管理一般、食材や資材の仕入れ、外国語の習得、そして経営についても視野に入れて適応していくことが必要だろう。

一九九三年、フランスでは、ホテル・レストラン業界の要請を受け、労働大臣の後援により、レストラン・サービス分野がMOF（フランス最優秀職人章）の一部門として認められた。メートル・ドテルやメートル・デュ・セルヴィス、「食卓をめぐる技芸《アール・ド・ラ・ターブル》」など、さまざまに呼ばれる職業カテゴリーにMOFが導入されたのだ。このレストラン・サービス分野でのMOFを決める全国レベルのコンクールは、MOFの称号の対象となる職業の中では一番新しく加わったという意味では最年少だが、ここまで述べてきた通り、職業の歴史としては最年長でもある。一九六一年以来実施されているプロと学生のサービススタッフが技術を競う「ジョルジュ・バティスト杯」は、MOFコンクールに挑戦するための登竜門となっている。

こうした近年の状況は、私たちの仕事《メチエ》に新たな息吹をもたらすだろう。つまり、新しいメートル・ドテルの世代はメディアを通して社会の注目を浴びることとなるだろうし、他方で二十一世紀の新たなメートル・ドテル像の再定義を促し、この専門的な職業の位置づけを新たなものにしてくれると期待される。

それにしても、ここで絶対に忘れてならないのは、顧客の迎え入れから始まる「もてなし」の一言だ。迎え入れるとはどういうことかを知ること、それこそが食卓の雰囲気を決定するのであり、料理の評判とシェフの評判、そして当のレストランの評価を弥増《いや》すのだから！

サービスの革新への努力は、確立された伝統と矛盾しているように見えるだろうし、顧客によるサービスのシンプル化の要請とも矛盾するかに見えるかもしれない。しかしそれは、シェフ、メートル・ドテル、ディレクターなど、伝統に根ざした料理を供しながらも革新性を感じさせ、レストラン本来の喜びを提供して「しばし現実を忘れる」ことの効用を顧客に思い起こさせようと努めているレストラン業界関係者すべてにとって、まことに微妙な賭けなのだ。

料理人は、伝統に根ざした料理を作りながら、ときに料理分子学的手法などを取り入れて創造性を引き立てることで、伝統と革新のたゆまざる探求を表現している。それと同様に、私はレストラン・サービスの分野でも、ちょっとした技術的革新を加えることによって、伝統の継承と革新の調和のとれた探求が実現できるだろうと思っている。こうした厨房とホールの二つの現場における努力によって、二つの職業の価値を二つながら増大することができるだろうと思うのだ。なにしろ、この二つの職業が満足させようと努力を集中する唯一の対象、つまり顧客は、一貫して革新を求めているのだから。

第三章　現代のメートル・ドテル

章扉写真

2011年にMOF（フランス最優秀職人章）を受章した2人の気鋭のメートル·ドテル、フレデリック·カイザー（右）とオリヴィエ·ノヴェリ（左)。2011年11月、フランス料理文化センターにおけるサービス講習会にて。MOFの試験は超高難度なため、どの分野でも受章者が少ないが、なかでもメートル·ドテルはこの仕事（メチエ）がMOFの対象となったのが比較的新しいこともあって、さらに少ない。

1　今日的な定義

メートル・ドテルの仕事《メチエ》に革命はない。しかし私自身は、三十年以上にわたり身をもってこの仕事《メチエ》の進化を確かめてきた。

メートル・ドテル、特に首席メートル・ドテルはしばしばホール・ディレクターとも呼ばれ、ホテル・レストラン産業部門におけるもっとも重要な職務の一つである。それにもかかわらず、フランスだけでなく、どの国でも、この職業的な肩書は不幸なことに貶《おとし》められていることが多い。

だが厨房のシェフに一朝一夕になれないのと同様に、メートル・ドテルという職業も簡単に身につくものではないのだ。たとえば大規模なバンケットの際に臨時に寄せ集めたサービスチーム（ブリガードと呼べるほど訓練も統制もとれていない）にメートル・ドテルの機能を任せたり、ホテル・チェーンなどでありがちなのだが、サービススタッフのモチベーションや社内的な評価を上げるという口実のもと、若いシェフ・ド・ラン（三八頁参照）にいきなりメートル・ドテルの肩書きを与えたりしても、経験不足はいかんともし難く、肩書きに見合ったプロフェッショナルな仕事はとうてい不可能である。

メートル・ドテルは、通常、サービスのためのブリガードをもつ大規模なブラッスリーや美食系のレストラン、ホテルやパラスのレストランなどで職務に就く。その職は、ローマ神話に登場する守護神ヤヌスに似ている。ヤヌスは一頭双面で、一つの顔は過去を、他方は未来を向いている。メートル・ドテルの仕事は、「過去」＝「この仕事《メチエ》の伝統的規則」にもとづく一方、「未来」＝「市場と顧客が要求する革新」に向かっている。この過去と未来、つまり伝統の継承と革新を果たすためには、異なるスタイル、異なる国での食の現場で経験を重ねること、要するに職業的な意味で「旅」をすることが不可欠なのだ。

メートル・ドテルは、レストランのホールにおけるオーケストラの「指揮者」であると同時に、厨房にいるシェフの「大使」でもある。個人的なパフォーマンスが要求される仕事《メチエ》でありながら、実行するにはチームワークが必要になる。

チームワークについては、プロヴァンス地方のことわざ「井戸水を飲むときは、その井戸を掘った人のことを思え」がよく本質を突いていると思う。そのレストランがどんな評判をとるかは、当然ながら皿に盛られた料理と、メートル・ドテルが率いるサービスのブリガードによってホールに生まれるイメージの二つの要素次第である。つまり、厨房とホール間のチームワークと、それぞれの持場でのチームワークの結果なのだ。

私がメートル・ドテルの正確な定義をするなどということはうぬぼれに思えるし、第一、その機能はその店のコンセプト次第で変化するものである。その意味でメートル・ドテルという単一の仕事《メチエ》があるのではなく、店の数だけメートル・ドテルという職務があるというほうが当たっているだろう。しかし、前章で述べた四つのカテゴリーに散らばるあらゆる食事を供する現場、つまりファーストフードから美食系レストランにいたるまで、次の五つの不変の原理が貫いていることも事実である。

①顧客を迎え入れること
②料理を勧めて注文に結びつけること
③注文された料理を供すること
④雰囲気を醸《かも》し出すこと
⑤喜びを感じさせること

古典的なレストランやホテルのダイニングでは、メートル・ドテルが顧客を迎え、居心地を整え、ホールのサービスをコーディネートし、ブリガードを管理する。それは、顧客および部下とのコミュニケーション能力と、顧客に対する営業力が問われる仕事といえるだろう。この場合の細部を、もう少し掘り下げて見ていこう。そうすれば、善きプロフェッショナルであるために必要な能力のいくつかが明らかにできるだろう。ここでは四つの項目にまとめるが、それがすべてというわけではないことに留意しておいて欲しい。

レストランには、顧客、シェフ、メートル・ドテルという三人の俳優がいる。顧客は、その店を生き延びさせる存在である。シェフは、食材を知り、火入れの新技術などを身につけた、素材を変容するプロで創造的な職人といえる。そしてメートル・ドテルは、顧客の嗜好と自店の味、さらに顧客と自店の経済状況を熟知している営業責任者であり、人間心理の卓越した洞察者であり、技能訓練の教官である。

メートル・ドテルの主要な適性について

1 あるべき姿
・販売のプロ＝優れた営業責任者（顧客の心理を読めること）
・管理のプロ（部下の心理を読めること）
・社交的で、礼儀正しく、教養を備え、ホールでのパフォーマー（演出家で技能者）

2 身につけるべきこと
・チームに対する統率力
・好感をもたれる風采とコミュニケーションのセンス
・細部へのこだわりと自分の仕事への情熱

3 備えるべき感性・感覚
・自分の役割の中で他人を喜ばせることに喜びを感じられること
・顧客が満足し、幸せを感じて席を立つか否かを感得できること

4 知っておくべきこと
・立ち居ふるまいの規則、サービスの手順、さまざまなサービス技術、ゲリドンを用いた顧客の

面前での切り分けとフランバージュの方法など
・食材一般に関する知識、メニューに記載されている料理およびその食材の知識、ワインの知識など
・どのような国籍の顧客にも話し掛けられる外国語能力、できれば外国語能力が二か国語以上であること

メートル・ドテルは、人間力が問われる職業である

ホールのブリガードを統率することは、仕事の意識を共有することだ。たとえば「喜ばせる」ということを、現実に部下や顧客を相手に試してみる。つまり、「喜びを受け取るために、喜びを与える」ことを実際におこなってみる。すぐにわかるだろうが、それは必ずしも簡単なことではない。だが、うまくできたときにはすばらしい歓喜を味わえるのだから、試すに価する。そのためには、部下に何らかの指示を出す前に、相手の言うことをよく聞き、よく観察することだ。ブリガードを統率するというのは一方的に命令を出すことではなく、部下との関係性の中でその心理をわきまえることだ。メートル・ドテルの役割には、ホールでの仕事ぶりをモニターしながら部下を育てることも含まれているからである。これについては次節で詳述しよう。

メートル・ドテルは、営業責任を負う職業である

メートル・ドテルは、顧客から直接注文をとる責任者という意味で、経営陣にとって営業面での

もっとも重要な協力者の一人であり、かつ顧客、シェフ、ホールのブリガード三者のあいだをつなぐ橋渡し役である。メートル・ドテルだけが、経営陣と厨房とホールを仲介する特権的な立場にあるのだ。特にメニューの更新時には、ソムリエならびにシェフと緊密に協力しあうことが求められる。

メートル・ドテルは、ソムリエよりも多岐にわたる技術的能力が要求される職業である

フランスにおけるソムリエは、その大多数がホテル学校でホール・サービスの職業適性証書を取得したあとにワインの専門家を志し、ソムリエ資格の取得やソムリエ・コンクールに挑戦していく。大規模なブリガードを抱えるレストランなどでは専門のソムリエを置いているが、中小規模の場合、メートル・ドテルがソムリエを兼ねるか、メートル・ドテルとして注文をとる際にワインのアドバイスもおこなうことが多く、近年ではその傾向が決定的になってきている。つまり、メートル・ドテルは多能であることが要求されているのだ。

メートル・ドテルに要求されている多能性は、ソムリエ的能力にとどまらず、バーで扱う酒類についての知識とカクテルをつくる技術、葉巻に関する知識と葉巻を顧客の面前で準備してサービスする基本的技術にまで及んでいる。もちろん、こうした専門的な知識や技術は、勤務先となるレストランのスタイルによっては実際には使わないこともあるだろう。しかし、それらを身につけていれば、職業的な「旅」に出ても、より変化に富んだ「旅先」で幅広い経験を積み、技術を磨くことが可能になるのである。若手メートル・ドテルを対象としたサービスコンクール「ジョルジュ・バティスト杯（二一二頁参照）」でも、カクテルは毎回、葉巻のサービスは適宜、課題として取り上げられている。

カクテル

メートル・ドテルという職業の魅力を保とうとする以上は、若者たちにカクテルの知識も伝え続けなければならない。バーカウンターの向こう側でカクテルをつくるという作業は、カクテルが顧客の要望に沿って論理的な進化を遂げて来た飲料である以上、この職業に求められる「伝統の継承と顧客に満足していただくための革新」を象徴しているからである。

カクテルの語源と歴史

語源については諸説あり、研究者のあいだでも見解は一致していない。個人的には、カクテルの色彩の豊かさが雄鶏の多彩な尾羽根を連想させるところから、英語のCock's tail（雄鶏の尾羽根）に由来するという説を支持したい。

アルコール飲料あるいはノンアルコールの飲料や食材を混ぜ合わせることは、古代ギリシアや古代ローマにまでさかのぼる。古代人は、ワインに蜂蜜や香辛料を混ぜていた。ローマ時代にゴール人と呼ばれていた現代のフランス本国に当たる地域の住人たちは、ワインやイドロメル（蜂蜜と水に酵母を加えて発酵させた酒）に蜂蜜、タイム、ロマラン、ラベンダーなどの香草を加えて飲むのを好んでいたようだ。

今日的な意味でのカクテルは十八世紀末に誕生したが、飛躍的に飲まれるようになったのは、十九世紀半ばからである。この時代、商業の発展にともなって、ヨーロッパ以外の世界

現代のメートル・ドテルには、ワインについてもソムリエと同等の能力も求められる。2010年「メートル・ド・セルヴィス杯」コンクールにて。

メートル・ドテルを名乗る以上は、少なくとも古典的なカクテルを作れなければならない。2012年3月、マルセイユでおこなわれたジュルジュ・バティスト杯フランス国内大会学生の部のカクテル審査風景。

から新たな飲料が到来し、蒸留酒とリキュール酒の製造業者たちがカクテルのノウハウと技術を熟成したのだった。だが、カクテルが真に確立したのは、米国の禁酒法時代（一九一九〜一九三三）である。一九二〇年代、アルコール飲料に果汁やビター類を加えて粗悪なアルコールの味をごまかし、さらに官憲の目を逃れることが横行した。同じ時期のヨーロッパでは、第一次世界大戦が終わり、パリを中心に極端な躁状態ともいえる楽観主義が支配する狂騒の時代を迎えていた。チャールストンは当時の気分を象徴するダンスだが、現在世界中のバーで定番になっている二つのカクテルがパリで発明されたのもこの時代である。一九二一年のブラディ・マリー、一九二四年のサイド・カーだ。そのほかにも、世界中の多くのキャバレーやレストランでは、マティーニ、ジンフィズ、アメリカーノ、トムコリンズ、マンハッタンなどが飲まれるようになった。

カクテルのブームは、フランスで言う「栄光の三十年間」が終わるまで、つまり一九四五年から一九七五年くらいまで続いた。一九九〇年代に入ると、世界中で運転者に対するアルコール規制が厳格化されたため、アルコール摂取は大幅に控えられるようになった。しかし、バーや豪華なホテルなど、それなりのムードが演出された場所で、スローなジャズに耳を傾けながら、人との出会いを楽しみつつ素晴らしい風味のカクテルを嗜《たしな》むことは、恰好の気分転換であることに変わりはないのだから、大いにカクテルを楽しもうではないか。飲んだあとは、電車かタクシーで帰ればいいのだから！

葉巻

二〇〇五年以来、フランスではレストランなどの公共の場での喫煙が禁止されている。しかし、レストラン・ホールから独立して特別に喫煙室《サロン・フユモワール》を備えている店とか、夏のあいだなら美食系レストランやルレ・エ・シャトーに属する店のテラス席でも喫煙を楽しむことができる。したがって葉巻のサービスは、依然としてメートル・ドテルが身につけるべき伝統的ノウハウの一つであり続けている。

もともとメートル・ドテルによる葉巻のサービスは、有閑階級を主な顧客とする豪華なレストランで、食事がコーヒーの段階まで進んだ際に、顧客の求めに応じておこなわれていたものである。しかし現代では、主要な舞台は葉巻を用意できるだけの余裕がある大企業のプライベートな役員食堂とか、億万長者の豪華ヨットなどに移っている。そうした場でサービスのプロとして働くことを希望するなら、このサービス技術を身につけることが必要不可欠である。

葉巻の歴史とサービス

一四九二年、キューバに上陸したコロンブスは、原住民たちが植物の葉を巻いたものに火を点けて煙を吸い込んでいる姿を目撃した。これをスペインに持ち帰ったのが、西洋における葉巻の歴史の始まりである。

[保管]　葉巻は自然の産物である。原料となるタバコ葉の産地によって特徴があると同時に、製造者のノウハウによっても風味が異なってくる。高級品《プレミアムシガー》はきわめてデリケートなので、ワインと同じく保管には厳しい条件があるし、その風味を存分に引き出して香りと味わいを満

喫するためには、ゆっくりとくゆらせなければならない。葉巻は、およそ十年間保存できる。そのあいだにも熟成が進むので、必ず葉巻用のカーヴに保存することが大切だ。ワインを語る場合と同じ用語が使われるのは、葉巻にとっても温度と湿度が重要だからである。ユミドワール（英語でヒュミドール）とも呼ばれる葉巻用のカーヴは、葉巻をきちんと並べて保管できる特製の木箱で、室温が十五度から二十度に保たれた部屋に置いておく。そしてこの木箱の内部は常に湿度七〇パーセント程度に保たなければならないので、内張りの材料としてはシーダー（ヒマラヤ杉）が使われる。

[構造と形] 一本の葉巻は、次の三つのパーツからできている。カープ（英語でラッパー。以下、（ ）内のカタカナは英語呼称）あるいはカパと呼ばれる全体を包むタバコの一枚葉、カープの下に巻かれ、スーカープ（バインダー）あるいはカポーテと呼ばれる芯をまとめるためのタバコの一枚葉、そして芯に巻かれているトリップ（フィラー）あるいはトリッパと呼ばれるタバコ葉である。また、形から分類すると、四十二種類の異なる葉巻がある。一般的に、大型の葉巻は息の通りがよく、吸いやすい。一日のどの時間に吸うかに応じて、それぞれ最適の形がある。

[色] 葉巻の色には多くの微妙な違いがあり、タバコ葉の種類と発酵の程度で決まる。しかし、濃い色の葉巻ほど強いとは限らないことに注意を要する。

[サービス] まず、葉巻を手に取り、指のあいだで回転させて柔軟度とカープの肌理《きめ》を確かめ、火を点ける前に葉巻の香りを聞き、良いものを顧客に薦める。顧客の了解を得たら、葉巻

の吸い口を切る。このクープ（カット）という作業は、葉巻をサービスする際の重要な儀式の一つである。きっぱりと、しかし葉巻の吸口側のテット（ヘッド）と呼ばれる部分のケープの繊維の繊細さをそこなわないように注意して切る。適正なクープこそ、煙の吸い込みを良くするからである。

クープに用いる道具は何種類かあり、両刃の葉巻専用の鋏を使いこなすには、それなりのコツを要する。テットをどの程度まで切り取るかは葉巻の形次第であるが、切り取りが大きすぎると、煙を口に含んだ際に苦味が強まり、燃えるスピードも早過ぎてしまう。逆に小さすぎると吸い込みにくくなり、ニコチンが吸い口に集中して味わいが悪い方へ変化してしまう。完璧なクープは、葉巻の直径よりわずかに小さい程度なのだ。ギロチン型の道具は、切り口に乱れが少なく、テットの径なりに、常に正確にタイトに丸く切れ、吸い込み具合にも香りの拡がり具合にも好結果をもたらしてくれる使いやすい道具である。葉巻のテットとコール（バンチ）〔フランス語は胴体の意。葉巻の両端以外の胴体の部分〕の境目あたりに巻いてあるバーグ（シガーバンド）〔フランス語は指輪の意。銘柄などが印刷された紙で、もともとは指にヤニが移るのを防ぐためのもの〕は、無理にはずす必要はない。もし、どうしてもはずしたいのであれば、葉巻に火を点けたあとにおこなう。カープに伝わる熱でバーグがはがしやすくなるからで、それ以前にはがそうとすると、カープを傷つけてしまう危険が大きいからだ。

いよいよ、もっとも重要な着火である。うまく着火した葉巻は、各層のタバコ葉を均等に同じ速度で燃焼させていく。レストランのメートル・ドテルたる者、着火の動作にも気を使うべきで、動作が優雅に見える木製の軸の大型マッチを使いたい。個人的には高圧のガスライターを否定はしないが、顧客のための着火の儀式に使うべきではなく、むしろ自分が葉巻を楽しむときに使うほうがよい。なお、オイルライターやロウソクの炎は薦められない。オイルやロウソクに特有の匂いが移り、葉巻の味わいをだいなしにしてしまうからだ。

　着火するためには、葉巻を親指と人差指のあいだにはさみ、葉巻のピエ（タック／フット）（葉巻の火を点ける側）を下に軽く傾けて、先端を炎に近づけ、葉巻の軸を中心にゆっくりと自転させて先端部全体に均等に着火させる。このとき、炎に近づけすぎないこと。炎に近すぎると、先端部の縁が焦げて炭化し、風味を害うからである。

　着火したら、着火面を自分の方に向け、軽く左右に揺らしながらそっと息を吹きかける。これは、葉巻の

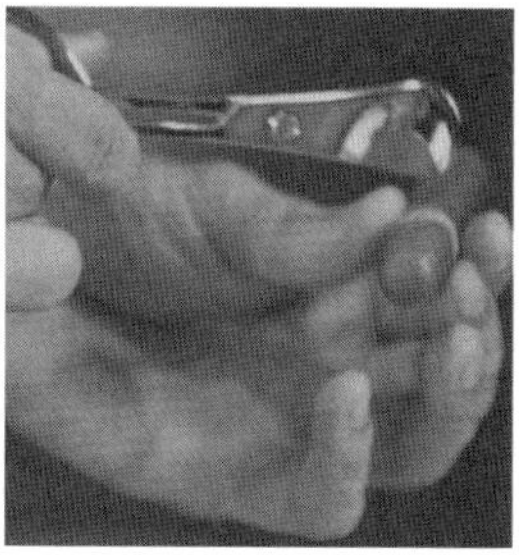

メートル・ドテルには、葉巻についての知識と技術も必要。

各層に均等に火を回すためで、こうするあいだに着火面全体が火で赤くなっているかどうかを観察する。タバコ葉に炎を上げさせてはならない。うまく着火したことを確認したら、顧客に見せたりサービスする前に、まずは火の回りを早めるために葉巻を改めて軽く左右に揺らすこと。着火が安定したら、クペル（灰吹皿）か灰皿に置いて顧客に火の付き具合を見せ、味わうようにお勧めする。こうした一連の作業で、顧客にメートル・ドテルとしての洗練された身ごなしと技倆の正確さを堪能させるのである。

いかにしてメートル・ドテルになるか

メートル・ドテルになるには、複数の道がある。

・目指す資格に応じて、二年間から六年間の履修カリキュラムがある。それを修了してから、さまざまなスタイルの異なるレストラン及び外国で働くという意味で「職業的な旅」をすれば、数年後にメートル・ドテルの地位に志願できる。

・しかるべき学校でのカリキュラムを履修せず、はじめから「職業的な旅」のみの現場での修業を積んでこの地位を志すことも可能である。その場合には前記の道よりも長い期間を要するので、きわめて高いモチベーションを維持し、学ぶことに飢え、絶えず自己啓発に努めてコンクールなどの場で他と競うことにより自分のレベルを把握することが必要である。

フランスでは、コレージュ〔ほぼ日本の中学に相当〕を修了した十五歳から十六歳の若い男女は職業リセ〔同じく高校に相当〕に進学できる。ホテル・レストランなど観光産業部門に関わる職業の場合は、研修センターやホテル学校で学ぶことになる。生徒はまずこの産業セクターでもっとも重要とされる二部門である料理かホール・サービスのいずれかのカリキュラムを選ぶ。レストラン部門の職業バカロレア（高校卒業資格）を目指すカリキュラムのように、技術的な講義は両者混合でおこない、最終試験でいずれかを選択させることもしばしば見られる。さらにホテル学校には、ソムリエやバーマン、料理、パティスリ、ショコラトゥリのほか、ホテルのレセプションやホテル経営の資格に専門化したカリキュラムもある。

研修センターやホテル学校での二年間のカリキュラムを修了した若者は、この分野で仕事をするのに必要な職業適性証（CAP）を取得できる。なお、この二年のあいだには、センターや学校がコーディネートする企業での研修《スタージュ》か徒弟修行契約《アプレンティサージュ》を交して現場を体験することが必須になっている。職業バカロレアを目指す者は、さらに二年間履修し、卒業後にレストラン業界入りすることになる。いずれにせよ、八年から十年にわたって職業的な「旅」をしたのち、二十六歳から二十八歳くらいになれば、多岐に渡る能力を備え、美食系レストランが喉から手が出るほど欲しがる卓越したメートル・ドテルになっているはずである。

モチベーションがきわめて高ければ、職業バカロレア取得後、さらに二年間のカリキュラムを履修・修了して、ホール・サービスか料理のBTS（上級技能者証）を目指すコースを選択することもできる。この資格を取得すると、異なるスタイルのレストランで数年にわたる職業経験を積んだのち、レストランの幹部になる道が開ける。

フランスには研修センターとホテル学校が数百校あり、商業的なレストランから公共体が経営するレストランにいたるまで、ホテル・レストランなど観光産業セクターの労働市場に人材を供給し続けている。この労働市場には、つねにきわめて旺盛な需要が認められるのだ〔フランスを訪れる外国人観光者数は、二〇一〇年時点で年間七千八百九十五万人に上り、世界第一位。日本は同じ時期で七十一万人にすぎない〕。

それと同時に、これらの教育機関は、同セクターでの仕事の方法について常に新たな革新を探求しながら、どのような革新であれ、それに基礎と根拠を与える伝統の守護者、継承者としての機能を果たしてもいる。

いかにしてメートル・ドテルを育てるか

教育するということは、自分が受け取ったことを次代へ継承していくことであり、各ホテル・グループやそれぞれに特徴のあるレストランに固有の、さらにはそれら企業の経営者に固有の、仕事の方法論に基礎を置く仕事である。しかもその方法論は、進化し続けている。

学校を卒業したての若者たちは、いろいろな理論で頭を一杯にして職場にやって来る。手とり足とりの学校の世界から、あらゆることが迅速に進行する現実の職場へ移行した直後の期間はきわめて重要であり、まさにここにおいて「教師としてのメートル・ドテル」が必要になるのだ。

メートル・ドテルは、新人たちに自分の会社を愛し、そこでキャリアを積み上げていきたいという思いを抱かせるために、彼らを会社の要請するところに従わせ、導き、教育する。私は、かつての教え子で、二五年間のキャリアを経て、現在マルティニック諸島にある「ル・カップ・エスト」（「ルレ・エ・シャトー」メンバー）で総支配人を務めるフランク・オベールが最近私に語った新人教育の定義を思い出す。

「新入社員に、このホテルへの忠誠心＝愛着心を植えつけなければなりません。それには、そこでのキャリアがどう進展していくかをきちんと定義して見せることが不可欠です。レストラン・ホールのブリガードに自分が勤めるホテルへの忠誠心＝愛着心がなければ、顧客にこのホテルへの愛着心を喚起することなどできやしないのですから」

教育するということは、また、社内でコミュニケーションをとるということでもある。換言すれば、レストランの従業員、シェフ・ド・ラン、若手のメートル・ドテルたちを一つの目標に向けて刺激する（たとえば売上増に積極的に取り組ませる）ために全体の活動を最適化することだから、一種のマーケティングと言える。ブリガードの中に、たとえば、「今月のアペリティフ売上ナンバーワンメートル・ドテル賞」とか、「今週の〈本日のおすすめ料理〉売上ナンバーワン賞」など、報奨をともなうちょっとしたチャレンジをしかけることは、ホールの活性化につながる。

ところで注文をとる方法を身につけるというのは、まず顧客が居心地良いように着席させ、顧客の要望を傾聴し、その希望を見抜き、ときには好奇心をかき立て、勧め、導き、そして顧客の選択を褒《ほ》めることができるということだ。ただ、これは食材についての完璧な知識を身につけていて初めてできることであり、その知識がなければ成功しない。

留意すべきこと

注文をとるという形での販売を教育するとは、顧客が当初念頭になかったものを選択するように示唆する術《すべ》を身につけさせるということである。例をあげよう。

【例1】 二人連れの顧客が、いきなりメイン料理一皿だけの昼食を注文したとする。そこで、「ご注文の料理ができるのをお待ちになるあいだ、一皿二人前のアントレかサラダ、テリーヌかスープなどはいかがですか？」と勧める。

【例2】 食後、デザートのメニューを見せながら、メートル・ドテルないしシェフ・ド・ランが次のように顧客に話しかけたらどうだろうか？

①「デザートにしますか？ コーヒーにしますか？」

これは頭から顧客がどちらかしか欲しがっていないと想定した質問で、消極的な問いかけと言わざるをえない。「示唆」というものが欠けているからである。これに対して、次のように話しかけたらどうだろう？

②「当店の『かぼちゃのクレーム・ブリュレ』を召し上がったことはおありですか？ 自慢のスペシャリテなんです！ 自家製のマドレーヌつきですよ」

あるいは、

③「当店のタルト・タタンはいかがですか？ つい先ほどオーブンから取り出したばかりで、まだ温かい焼き立てのほやほやです。シェフのお得意のデザートですし、お好みならアイスクリームかリンゴのソルベに生クリームを少々添えましょう」

以上の例から、「顧客の注文をとる」という一事のあいだにも、大きな相違があることが見てとれると思う。例2の①には「示唆」がなく、②と③には建設的で美味そうな「示唆」が満載されている。

このような「示唆」をすることこそメートル・ドテルという仕事をより情熱的なものにするポイントであり、シェフの想像力のキャンバスを隅々まで知り尽くしたメートル・ドテルの質の高い仕事ぶりを証すことになるのである。

ただし、ここで気をつけなければならないのは、絶対に押し売りしてはならないという点だ。つまり、あくまでも顧客への「提案」という営業スタンスにとどまらなければならない。決して料理を押しつけず、結果的に顧客が自分で選んだのだと思えるように、つねに二、三の選択肢を提示することが重要なのである。

もし専門のソムリエがおらず、ソムリエも兼ねるメートル・ドテルの場合、まずは顧客の嗜好を聞いてだいたいの方向を定めてから、「オリゾンタル」と呼ばれている、料理とワインの相性リストを念頭に適切なワインを勧めるようにする。ちなみに「オリゾンタル」には、ワインの色、産地、セパージュ（ブドウ品種）および相性の良いメイン料理の典型が記載されている。プロのメートル・ドテルである以上、「オリゾンタル」は記憶しておく必要があることは言うまでもない。

最後に、ゲストたちの居心地に注意を払うプロとして、メートル・ドテルがミネラル・ウォーターや食後のコーヒー、紅茶、ハーブティなど、追加的な食品を販売する術《すべ》も心得ていなければならないのは当然である。

注文をとるという形で営業活動をおこなうには、料理の基本を知らなければならない。メートル・

ドテルには、自分が勧めようとする料理やワインについて、その調理法をはじめ食材やワインの産地、テロワールを挿話的に語れるだけの知識が必要である。顧客は、メートル・ドテルが語るところに耳を傾け、いわば「旅」を楽しみ、勧められている料理への興味をかき立てられてゆく。すなわち、「知識なければ売上なし」なのだ。そして、料理やワインを語れなければ、メートル・ドテルの名には値しない匿名のサービススタッフに過ぎず、無人格な注文とりに堕するのである。もっと言えば、販売において受身であり単なる皿運びであるとしたら、いったいどこにこの仕事《メチエ》の喜びを見出せるというのだろうか？

2　四つのサービス・プロセス

フランスの多くのホテル・レストランで、首席メートル・ドテルと最古参のメートル・ドテルたちは、社員の募集活動にかかわるとともにブリガードの教育を担当している。ここで、私がテコマ校で教えた販売プロセスの四つの原則を記しておこう。この原則には顧客満足の向上と顧客の固定客化のための、また市場の競争裡に参加し続けるための仕事の方法が含まれており、それはどんな種類のレストランであっても、いかようにも応用が利くだろう。

四つのサービス・プロセスを成功させること

①迎え入れでの成功——最初のコンタクト

これは、私に言わせればもっとも重要なプロセスである。なぜなら、顧客は、レストランの玄関ホールで迎え入れられるときにどう扱われたか次第で、店に対する信頼感の正負・深浅が決まってしまい、注文や食事にも反映するからである。顧客を絶対に待たせないこと、たとえ満席であっても、すぐに顧客として認めて関心を示し、来店してもらえたことへの感謝の言葉を述べ、もしあればウェイティング・バーへ案内するか、あと数分で席が空くようならメニューを手渡して、しばし我慢してもらう。この最初のコンタクトの重要性は、たとえ常連客が相手であっても同様で、それに続く食事のためにも本質的なプロセスなのだ。

こうすることによって顧客に「自分は待たれていた」という感じを与えることが大切で、予約していない顧客に対しても、店を煩《わずら》わしているという印象を与えないようにする。また顧客の中には、自分が招待した会食者の前でその店の常連であることを示したがる人たちもいる。そういう顧客に対しては、テーブルへ案内する際などの適切な時と場面を選んで、その顧客を名前で呼ぶようにすると、彼ないし彼女は招待客に対して大いに面目を施すことができるだろう。しかしこうした特殊な場合以外は、サービス側としては常に控えめを心がけ、特定の顧客に対していかなる認知のジャスチャーも見せてはならない。

このように、迎え入れの場面でのサービスは、礼儀と心理学と喜びと慎みが問われる仕事である。過度で極端な慇懃さや気取りや大げさな態度は絶対に示してはならず、むしろ自然な手ぎわの良さが求められる。とりわけ顧客に同化して馴《な》れた態度をとらないこと。私自身のロワイヤンにおける修業時代にクラヴェ夫人が常連客を迎えた際、「想像の糸を顧客とのあいだに張れ」と教えてくれたことがまことに大切なのだ。

②販売での成功——顧客の要望を引き受けること＝基本的な売上を立てること

［位置づけを知ること］　顧客のタイプと属性をすばやく見抜く、つまりどんなスタイルの食事を始めようとしているのかを見抜くのである。たとえば、ビジネスがらみの食事なのか、家族的なもの

か、男女の親密な食事なのか、食べ歩きの一環としての食事なのか。それ次第で、注文をとる際のアプローチを、陽気な雰囲気とするか、普通よりも慎み深く接するかなど、対応を考え実行するのである。支払いをするのがどの顧客なのかについても、注文をとる際に見当をつける。予約して来店した場合は容易に判別できるが、いわゆる「飛び込み」客の場合、誰が主人役か知ることは、特にビジネスがらみの食事の場合にサービスの手順を決める上で大いに役立つのだ。主人役へのサービス順は、招待客への敬意を表するために一番最後にしなければならない。

[表情と声の使い方]　注文をとるとき、まずは視線を活き活きと輝かせ、微笑みを浮かべ、顧客がそれだけでそこにいるのが幸せなるように心がけ、優雅な動作と歩き方で快適な雰囲気を醸《かも》し出す。料理を説明する際には、教えられたことを棒読みしているような感じにならないように、自分の声の調子に気をつける。

[避けるべきこと]　あまりに技術的に過ぎる料理用語は使わない。顧客をうんざりさせてしまうからである。たとえば、「このソースは『シノワ』で漉《こ》して白ワインでデグラセし、澄ましバターをモンテして……」などというのはよろしくない。デグラセ、澄まし、モンテなどは技術的に過ぎ、顧客の気持をくじきかねない。そうではなく、営業の場面で使う言葉はシンプルで快適で美味そうな語彙を選び、顧客に味わってみたいなと思わせるものでなければならないのだ。

もちろん、ときには料理用語を使わなければならないこともあるのだが、その場合には簡潔な説明で単純化することが必要である。一般的な規則として、販売時の説明に必要な内容は、フランス語の「三つのｐで始まる単語」に集約できる。つまり、由来（provenance）、調理（préparation）、外観

(présentation) である。

「由来」とは、もしあれば料理の由来とその火入れ方法(グリル、ロースト、蒸す、煮るなど)のことであり、「調理」とはソースの構成のあらましのことであり、「外観」とはつけ合せやその火入れ、全体の盛り付けのことである

顧客に対して料理の説明が十分にできず、モジモジするのは避けなければならない。とはいえ、私が顧客なら、シェフ・ド・ランや若いメートル・ドテルの口から「失礼しました、シェフに聞いてからお伝えします」などというせりふは聞きたくない。ホールでのサービスを開始するより前に、つまりレストラン・ホールという「舞台」に上がる前に、シェフから必要なすべての情報を聞き出しておかなければならないのだ。たいていの場合、首席メートル・ドテルがサービス開始前のミーティングでその日のおすすめ料理などの必要な情報をまとめて伝えている。しかし、サービスのプロたる者、自分がサービスする内容に対してはつねに好奇心を持って質問し、自分から情報を取りにいくべきである。

③サービスの成功——完璧なフォローアップ

[予測すること] 顧客の要求や希望、つまり食卓に注意を払い、わずかな兆候や示唆に過ぎなくても顧客の必要とするものが何かを洞察すること。たとえば、ワインやパンのサービスでは、顧客がもっと注ぐようにとか、お代わりを注文するより前にサービスする。食事が続いているあいだ、グラスを空のままに放置してはならない。

【サービス順に注意すること】　サービスのプロトコル（優先順位）、つまり誰からサービスするかという順番については、食卓についている人たち次第のところがあるものの、ビジネスがらみの食卓では控えめなサービスを心がけるのがよい。通常、名誉席はその食卓の「主人（招待した側の中心人物）」の右と左であるから、そこへまずサービスし、次に「主人」に対面する側の席の人たち、最後に支払いをする人物にサービスする。家族的な席の場合には、最年長の人物、次に女性、そして男性の順でサービスし、最後はその食事の場を設けた幹事役の人物の順が一般的である。

【サービスのあり方】　手順よく能率的におこなうこと。メートル・ドテルがもてるノウハウと身につけた立ち居ふるまいを発揮する部分であるが、目立たず細やかでなければならない。メートル・ドテルが顧客に提供するサービスは、しばしば手で触れ得ないほど繊細なものだが、レストランのホールを活き活きとさせる上できわめて重要かつ効果的なのだ。顧客は、喜びと快適さ、触れ合い、助言、意見の交換など、つまりそのレストランとシェフを魅力的に思わせる雰囲気を求めてやって来きていることを常に意識すること。

④送り出しの成功——別れの挨拶

【ルコンデュイール】　食事が終わったのち、顧客をレストランの出口まで案内することである。それは、顧客が満足し、快い時間を過ごせたかを確かめ、来店いただいたことに感謝する時間であるが、しばしば顧客が料理やサービスの問題点をそっと指摘する時間でもある（指摘を受けた場合はそれを記憶し、その顧客が次回来店した際、ホール・ディレクターの了解を得てアペリティフかコーヒーを無償で提供するなどの営業的な対処を試みる。常連客であれば、喜んでもらえることを無償提供する）。出口では、次回の来店をお待ちしている旨を挨拶する。この時間は、顧客が店に愛着を覚え、ふたたび来店したいと思ってくれる瞬間になることが多い。

社内教育は、この節の冒頭で述べたとおり、その企業、ホール・ディレクター、メートル・ドテルにとって従業員に忠誠心を育む活動であると同時に、教育される側であるブリガードのメンバーたちにとっては将来自分のキャリアを発展させていく可能性を与えてくれる機会でもある。教育にあたる可能性のある、あるいは教育を志すメートル・ドテルは、現場でのサービスの前、中、後を通じて教育的であることを心がけ、若者に自分の持つノウハウを伝えることに喜びを感じられる人物でなければならない。そしてその教育が効果的かどうかは、教える側が、教えられる側とのあいだに信頼感を築き上げながらその一人一人にどれだけ注意を払えるか次第であり、かつその教育方法が誰の目にも明らかな結果を導けるか否か次第なのである。各企業には独自の伝承の方法があり、教える立場の者にはその者自身の個性と職歴と教育相手に応じた固有の方法論があるだろうが、基本原則は以下の四つだと思う。

①やって見せる

やれると思わせることだ。たとえば、ゲリドンでの作業、つまり顧客の面前での切り分けとフランバージュをはじめとして、テーブル・セッティング、飲み物のサービス、赤ワインのデカンタージュなど、あなた自身強調しておきたい点を明確にしながら実演して見せる。あなたが模範になるのである。

②やらせてみて確認する

教えられる側には、自分がどの程度までできているか、どのくらい進歩したかを示してもらうことが必要なのだから、①と同じくらいに重要なステップである。誤りがあれば、なぜ誤ってしまうのか説明してやるのだが、うまくできたときには、うまくできたことを言ってやることも必要である。このプロセスを通じて、若者たちの中に少しずつ信頼感と感謝の念が生まれていくのである。

③期待値を語る

教える立場にあるメートル・ドテルとして、会社が新人たちに期待する技術要件とノウハウはもちろん仕事に取り組む姿勢と社内組織の関係性についても語ること。

④実地に移す

これには、事前のブリーフィングと事後の総括をおこなうことを含む。実際のサービスに入る前にサービス上の注意点を明確にし、彼らに任せられた部分＝任務を伝え、確認する（顧客との関係性、迎え入れ、販売、料理のついての知識など）。そしてサービスが終わったあとは十分間ほど時間をとり、彼らが任務をどこまで果たせたかを熱いうちにコメントし、問題があれば説明する。このきわめて短いプロセスは、ブリガード内部はもちろん社内でのコミュニケーションと意見交換の機会になる。

社内教育責任者としてのメートル・ドテルというポストは、さまざまなスタイルのレストランにおける長年にわたる職業的な「旅」から得た経験を要する職務である。「旅」こそが、多くの能力、ノウハウ、そして管理者としての能力を鍛え上げてくれるのだ。

なぜ顧客はリピーターとなるのか

今日では、さまざまなレストランのスタイルが存在している。しかしいずれにせよ顧客は、価格、料理が出るまでの時間、店構え、料理、応対、サービス、雰囲気の七つのポイントで満足を求めているのだ。

価格、料理が出るまでの時間

食事のスタイルおよび顧客自身のスタイルに見合ったものであることが求められる。

店構え

レストランの種類とスタイルに統合された一部分であり、それ自体が食事のスタイルとターゲット顧客に対応していて、顧客はその時の自分のニーズに合った店を選ぶ。

料理

テーマ別、古典料理、星付きの美食、コンテンポラリーなどのジャンル別があるほか、季節、テロワール、地方、国の別、あるいはその日の市場に入荷した食材とかその日のおすすめ料理などもあって、料理人による個性化が顕著な要素であり、顧客はその時の自分のニーズに合った店を選ぶ。

応対、サービス

営業的かつ技術的な部分とはいえ、多分に心理学的、儀礼的な要素から成り立っており、ホールのブリガードのプロフェッショナリズムと顧客の満足が引き起こす微笑みではかる性格のものであって、顧客はこの部分ではつねに最高の店を選ぶものだ。

雰囲気

そして以上の六要素に加えて、七番目の要素としてホールのブリガードが創造する雰囲気が顧客に決定的な影響を及ぼす。

以上の七要素が満たされることで顧客はその店に愛着を感じ、リピーター化するのである。

3　職業としてのメートル・ドテル

伝統の継承と革新を要する仕事《メチエ》

メートル・ドテルという仕事は、身ごなしから始まって、レストランの営業、雰囲気の創造に深く関わっている。しかし、近年は、要求される能力の水準が高すぎるとか、ゲリドンでの作業が時間をとりすぎるなど、新たな問題点があちこちから指摘されるようになった。

ゲリドン・サービスが、メートル・ドテルのノウハウを集約したものであることは論を待たない。ゲリドンでの作業はこの仕事のもっとも技術的な部分できわめて難しいものだが、それだけに食に関わる目の楽しみとしてもっとも魅力的な部分である。たしかにゲリドン・サービスがメートル・ドテルの職務に占める割合は小さいものではあるのだが、これを削除されると私たちメートル・ドテルは孤児にでもなった気分になってしまうのだ。このサービスこそ、ホールにおいて他店との差別化をもたらす要素なのである。

したがって、経営者やシェフたちに言いたいのは、もし若い世代を惹きつけ、彼らの心に愛社精神を育みたいのであれば、このメートル・ドテルという職業をいま少し魅力的な姿に戻すこと、そのためにもゲリドン・サービスというショーのための場をささやかでもよいから残してもらいたいということだ。
プロのメートル・ドテルである以上は、ゲリドン・サービスを完全に身につけておかなければならない。しかし、今日的な状況に合わせて単純化することも必要だろう。料理がモダンやコンテンポラリーになるほど軽くなり、旧来の重たいソースが、食材に火入れして得られるジュやハーブの液にとって代わられたように、顧客の喜びとホールのプロのために、単純化されながらも美しいゲリドン・サービスをシェフと協力しながら考案する余地はないのだろうか? 私は現役のメートル・ドテルたちに、今日の経済的制約条件がもたらした状況、つまりブリガードの規模縮小や構成員の能力の低下、シェフの料理スタイルならびに厨房とホール・サービスの連携の変化、さらには顧客のニーズと食事に費やせる金額と時間の減少といった諸要素をふまえた上で、持てる技術を適応進化させていってもらいたいと切に願っている。

革新は絶対に必要である。それは社会的な義務でもあるだろう。しかしいかなる革新も、古典的な基礎を忘れることなく、伝統を尊重した上でおこなわれなければならないことも事実なのだ。高級レストランで古典的な料理が永遠であるのと同じように、サービスの古典的伝統も永遠である。メートル・ドテルは、オマールエビをさばくことも、粘土で包んだ鱸《すずき》の背骨を外してフィレを顧客に披露することも、鯛をフランベすることもできなければならない。守るべき古典的技術は、枚挙にいとまがないほどである。

それにしても、トリュフを仕込んだベッシー包み〔よく洗った豚の膀胱に食材とブイヨンを入れ、蒸し焼きにする調理方法。現代では、膀胱の代わりに合成繊維で包むことが多い〕のブレス鶏を切り分けたときにホールに広がるあの得も言われぬ芳香や、二人前のピジョン（鳩）かヤマウズラをサービスする段取り、そして果物のフランバージュのすべて、たとえばカルヴァドスを使った焼きリンゴのフランベやリキュールを使った洋梨のサンク・エピスのフランベ、ラムでフランベした熱帯系果実のサルピコン〔賽《さい》の目切りにした詰め物〕やババ、そしてクレープなどなど、何と見ごたえのある仕事だろうか！　こうしたすべての古典的技術がこの仕事《メチエ》をきわだたせるのであり、それこそが、誰でもサービススタッフにはなれるかもしれないが、わずかの者しか偉大なメートル・ドテルになれない由縁なのである。

古典的技術を軽くし、なおかつ顧客の目を楽しませることができる技の例を挙げてみよう。

古典時代にゲリドン上でおこなわれていたサービスの最初の部分は、この際あきらめるべきだろう。たとえばブロンド・カラメルの準備は、ゲリドン上ではなくオフィス（パントリー）ですませ、熱くしたポワロン〔柄付きの小鍋〕でゲリドンに運ぶなど。しかし、果物やクレープはホールでフランベして見せれば、ゲリドン・サービスを単純化しながら顧客の目を炎で楽しませ、かつフランバージュという古典的な技術を守ることができる。これと同様の発想で、各種の酢とオイル、生野菜を選んでもらい、サラダとドレッシングを目の前でつくったり、ワゴン式のゲリドンでチーズや自家製のパティスリを見せて選んでもらったりというような単純化が、さまざま考えられるのではなかろうか。饗宴風のカクテルパーティやビュフェ形式の宴会の場合でも、ソーモン・フュメ（鮭の燻製）や骨つきハム、パイ皮包みの牛フィレ、ベルヴュ風のソーモンの丸や乳呑み仔豚の丸などの切り分けをおこなうことによって、ひと味違った演出ができるだろう。メートル・ドテルの巧妙な技術のいくつかを披露することは、一方で会食者たちの目に食材を高品質なものに印象づける効果があり、他方そのプロフェッショナリズムが参会者とサービススタッフのあいだで料理をめぐるやりとりを活性化させる効用がある。しばしば料理人がビュッフェの向こう側に控えていることもあるのだから、そうであればパーティはいっそう賑《にぎ》わうだろう。こう考えると、現役のメートル・ドテル諸氏が、ゲリドン・サービスの単純化とその活用に乗り出さない理由はなかろうと思うのだが、いかがだろうか?

日本では一九九四年に「メートル・ド・セルヴィス杯」コンクールが創設され、革新を志しつつ職業的な伝統を継承していく上で、あるいは逆に基本を守りながらも経済的制約条件に適合してサービスの近代化を進めていく上でも、格好の舞台となっている。舞台は整っているのであるから、人材教育を通じて若者たちがホール・サービス分野にとどまりたいと思うように育てる必要があるし、各社の社内でもメートル・ドテルという仕事《メチエ》をプロの仕事としてより明確に認知することが必要なのである。

首席メートル・ドテルの典型的な一日

あるレストランが有名になり話題になるのは、供される料理のオリジナリティと、供されるサービスの質の高さの二つが揃ったおかげである。

サービスの領域のキィパーソンは、首席メートル・ドテルだ。首席メートル・ドテルはレストラン・ホールにおいて、厨房における総料理長と同じ重みのある存在であり、そのレストランの評判にとって不可欠の存在なのである。彼ないし彼女は何よりもまず豊富な職業上の経験の持ち主であり、それに加えてブリガードを構成する男女の心をつかみ、管理し、活気づける能力を備えている。レストラン・ホールの指揮者であり、まれな真珠ゆえに高価であるが、有名なレストラン・ガイドで高く評価されていたり、いわゆる星を獲得していたりするレストランの経営陣が懸命になって確保しようとする人材である。首席メートル・ドテルとは、顧客とブリガードと厨房を結ぶ唯一人であり、真のリーダーなのだ。その日常の仕事と責任範囲は、サービスの前・中・後の三段階に分けて一般的に次のように規定できるだろう。

［サービス前］

・レストラン・ホールの清潔さと装飾を確認する（トイレも含む）。

・メートル・ドテルたち、シェフ・ド・ランたち、コミたち、および場合によってはホテル学校の研修生たち、受付一名、一人か二人のソムリエ（ただしレストランのグレードによっては一人のメートル・ドテルがソムリエを兼任する場合もある）からなるブリガードの構成員それぞれについて、その日の役割分担を決め、再確認をする。

・予約状況を把握した上で、常連客の座席について計画を策定する。この段階で、首席メートル・ドテルはすでにレストラン・ホールの雰囲気づくりにとりかかっていると言える。この作業は、豊富な経験とノウハウに加えて、営業的な心理学を要する。グリモ・ド・ラ・レニエールがすでに十九世紀初頭に述べているように、「食卓の喜びは心遣いと席の選択、会食者の顔ぶれで決まり、会食者の組み合わせは料理の組み合わせよりも繊細微妙」だからだ。

・これがすむと、厨房の総料理長と打ち合わせを持ち、「本日の特選料理」とか「市場に応じた料理」、「おすすめ料理」などについて情報を仕入れる。

・ブリガードを集めてブリーフィングをおこなう。ここで、ブリガードに「本日の特選料理」や重点的に販売するべき料理について周知するとともに、バーマンないしその日のバーの責任者に「本日のカクテル」（単品のことも複数のこともあり）を、ソムリエには料理に合うその週の「おすすめワイン」（単品のことも複数のこともあり）を問い、周知を図るだけでなく、常連客へのサービスについて、なにがしかの注意とアドバイスを与える。次いで、手早く全員の服装をチェックし、最後に今日も顧客のために「レストランで食事する喜びを売る」ように呼びかけて士気を高める。

［サービス中］

・顧客を迎え入れ、予約に応じて席まで案内する。首席メートル・ドテルたる者は、常連客を見分け、誰にでもある固有の癖を予測するためにも、人の顔をよく覚え、かつ観相学的な能力を要するのだ。

・顧客の注文をとるが、この場合はしばしば部下のメートル・ドテルに補助させる。

・常連客から、料理やワインについてアドバイスを求められることもあるので、これに応える。

・食事が始まったら、主にサービスがスムーズに進行しているかどうか監視し、目立たぬように各テーブルに出向き、進行中の食事について顧客の見解を尋ね、不満を持っている顧客がいれば迅速に善処する。
・勘定書と金銭の授受を管理する。
・顧客が食事を終え、レストランを出る際には挨拶に出る。すでに述べたとおり、この瞬間は顧客をリピーターにする格好の機会なのだ。

［サービス後］
レストランの規模によって仕事の多寡は異なるが、より管理的な仕事が始まる。
・ブリガードのメンバーの仕事のスケジュールと休日の計画を策定する。
・その日の売上と利益を計算して報告書を作成する。
・担当のメートル・ドテルと、保守用品、グラス類、クロス類、花卉、チーズの大盆、バー用品、ワインリストなど、在庫と発注状況を現物確認する。
・メートル・ドテルかシェフ・ド・ラン一名に補助させつつ、ブリガードの一番若いスタッフたち向けに営業やゲリドン・サービス、食材知識などについて手短な教育セッションをおこなう。
・従業員の新規募集の責任者として、必要な作業に取り組む。
・総料理長とともに、年に何度かの（多くは季節ごと）メニューの更新に参画する。

以上が典型的な首席メートル・ドテルの一日であるが、当然ながら、レストランそれぞれの個性に応じてこれ以外にもさまざまな仕事がある。

常に適応し続ける

メートル・ドテルという職業でもっとも大切な姿勢は、常に適応し続けることである。これだけは、どんなに状況が変化しても変わらない真実だから、若者にも、もう若くない者にもあてはまる、サービスに携わる者たちすべてへの私からのメッセージだ。

そして、どのようなジャンルのレストランであろうと競争の中で他との差別化を果たすには、次の三点を形にするにしくはない。

・目を楽しませるサービスのあるホール。これはメートル・ドテルの仕事である。
・喜びが載った皿。これはシェフの仕事である。
・会食の楽しさあふれる食卓。右記の二つが相まって醸《かも》し出し、顧客が享受する。

一つとして同じサービスは存在しない。だからこそ、この仕事《メチエ》は魅力的なのである。食卓についているあいだは、顧客にとってくつろぎの時間でなければならない。その場で彼らの思いを刺激し、ある料理を食べたいと思わせるのは、メートル・ドテル以外の誰でもないのだ。そして、何をどこで食べるかの選択肢が多岐にわたる今日、顧客に店への愛着を覚えさせることはメートル・ドテルの日常的なチャレンジになるだろう。常連客をつくるためには、料理だけでは足りないのだ。

料理が進化したように、サービスも時代に適応して進化を続けるべきである。ただし、進化は伝統という基礎の上でおこなわれなければならない。したがって、メートル・ドテルは伝統を引き継ぐ教育者でもなければならず、教育を通して若者に愛社精神を植えつける役割も負っている。あなたに教育された若者が、あなたの会社の未来の中核となるだろう。

これからのレストラン業界はテーマ別にグループ化ないしチェーン化したレストランと独立した美食系レストランに二極分化していくだろう。しかしいずれにしても、いかに和気あいあいとした、親しみやすく、うちとけた雰囲気をホールに現出させるかが問われる点は変わらない。

したがって、顧客の声に耳を傾け、料理の食材、風味、盛りつけに個性を追求するのと同様に、迎え入れから始まるホールでの一連のサービスに、その店なりの個性化を図るよう努力することが必要だろう。

第四章　日本におけるレストラン・サービス

章扉写真

2004年、第11回「メートル・ド・セルヴィス杯」決勝の表彰式。右から、下野隆祥日本側審査委員長、フランク・ランギーユ仏側審査委員長（ジョルジュ・バティスト杯会長）、優勝した田中優二氏、田中氏のコミ（アシスタント）、審査員でMOF受章者のフィリップ・スタンダール氏、そして同じく審査員を務めた筆者。

1　第一印象

世界の歴史は、文化的な交流こそ、人々に未知の国を真に発見させ、心を豊かにし、お互いに認め合うことにつながると教えている。そして、幾世紀にもわたってもっとも洗練された文明を築き上げた国々において、芸術の域にまで高められた料理と食卓をめぐるサービスはもっとも充実した芸術を代表するものであり、そうした食文化における交流は、相互が持つ文化的な豊かさを交換するための最高の方法である。

こうした認識に基づいて、東京ガスとパリ市商工会議所（ＣＣＩＰ）の共同イニシアティブのもと、一九九〇年、東京にフランス料理文化センター（ＦＦＣＣ）が設立された。フランス側は、パリ市商工会議所所属のパリにあるフェランディ・フランス料理上級学校（ＥＳＣＦ）とジュイ・アン・ジョサスにあるテコマ校ホール・サービス科がフランス料理文化センターと提携する形をとった。

一九九六年六月、私は日本のレストラン・サービスを初めて見た。パリ市商工会議所の理事会が、フランス料理文化センター創立一周年記念行事のために日本へ三週間出張することを私に命じたのだ。私の任務は、数回にわたる昼食会や晩餐会を準備・指導し、レセプションでのビュッフェ・サービスの運営を活性化することだった。この日本出張は、職業的にも例外的な経験だったし、個人的にも実り豊かだった。

東京に到着した当座は、オブザーバーに徹した。レストラン・ホールでの日本のメートル・ドテルの行動や態度の特徴を把握してフランス的な視点で相違を見きわめ、どんな点で教育が必要なのかを判断するためだった。

じきに感じられたことは、彼ら自身がメートル・ドテルという仕事にあまり価値を感じていないということだった。その一方で、食卓での顧客に対しては礼儀が過剰であることにも気がついた。なにしろ食卓にアプローチするときも、そこから引き下がるときも、彼らはほとんど無意識に頭を下げるのだ。このような姿勢は、ホールの雰囲気を冷やしてしまい、顧客の側から見ても、自分のテーブルにサービスしてくれる者に対してきわめて儀礼的な関係しか結べなくなってしまうのである。実際、サービスする姿に会食の楽しさというものが十分には意識されておらず、食事が進むあいだにも顧客とのやりとりはほんの少ししかない。サービス側に顧客に対する劣等感めいたもの、隷属意識のようなものが見えるように思えた。これでは顧客にとってもメートル・ドテル側にとっても快適とはいえないだろう。

また、しばしばホールを歩くサービスパーソンたちの頭が、力なくうなだれているのを目にした。料理を販売する意欲も意識も薄く、料理についての説明も豊富とはいえなかった。これは確実に、自分自身と自分の職業に対する自信の欠如が原因である。

したがって私の講義では、まずこの職業に対する誇りを引き出すことから始めなければならなかった。「メートル・ドテルと顧客とのあいだに張り巡らされたガラスを打ち砕け」と言わなければならなかったのだから、当時の彼らのあまりに控えめに過ぎる姿勢と顧客との対話の欠如ぶりが想像してもらえるだろう。私は、メートル・ドテルという仕事を、一つの歴《れっき》とした専門的職業として日本で認知させるために、なすべき仕事が山のようにあることを理解した。日本の調理師学校では、料理人の仕事は教えているのだが、レストラン・サービスという仕事については実質的に何も教育がなされていないのだった！　この最初の経験は、日本という国を理解する上でも、二度目に来日するときにはどんなふうに講義を組み立てていけばいいのかを考える上でも、大いに役立ったものだ。

同じ年の十月、そしてそれ以降、私はメートル・ドテルという職業についての認識を高める基礎を築くべく、日本で最初のホール・サービス上級講座を開始した。この教育プログラムでは、開始後三年間にわたり、フランス料理文化センターはじめ東京、大阪、横浜、京都、名古屋に展開するホテル・チェーンあるいは調理士学校などで講義を実施した。そのつど、フランスへ渡る留学研修生からレストランやホテル・チェーンのサービスのプロたちに至るまで、新しいサービス技術を身につけて顧客との関係作りにこれまでとは異なるアプローチを発見しようとする、士気の高い熱意と向学心あふれる人々に出会ったのだった。

私は受講者に応じてメートル・ドテルという職業の基礎となる諸原則を語り、その慣習、料理、ワイン、土地の特産品を使った料理を販売する方法について教えた。また、食事のスタイル別、顧客のスタイル別に存在する人間心理について説明することにもこだわった。食事には、着席形式のディナー、豪華な立食パーティ、大規模な宴会形式、またレストランにも本格的な美食レストランから気軽なビストロやブラッスリにいたるまでさまざまなスタイルがあり、サービスも営業活動もそれぞれに最適な方法があるからだ。

私はさらに、メートル・ドテルが身につけるべき技術として、ゲリドンでおこなう魚、家禽、肉のデクパージュだけでなく、果物やデザートに出すクレープのフランバージュなどについても教えた。こうした技術は、厨房のシェフの仕事だけでなく、メートル・ドテルという仕事の付加価値をも増すものなのである。

もちろん、顧客の前での身ごなし着こなしについても、常にメートル・ドテルにふさわしい貫禄と優雅さを保つよう細心の注意を払わなければならないことを強調した。つまり、ホール内を移動する経路やタイミングを見きわめること、そして仕事中の気品ある歩き方を身につけなければならないのだ。それと同時に私は、顧客を迎え入れる際から始まり、サービスを供するあいだ、つねに楽しい会食の雰囲気を醸《かも》し出すこと、つまり食事の雰囲気全体がホール・サービスのチームによって創り出される事実を指摘して、サービスの仕事の重要性を説き続けたのである。

この職業の歩き方がまとうべき優雅さについては、一つ思い出したことがある。それは、ホール・サービス中のメートル・ドテルに要求される身ごなしの例として一つ二つスケッチを使いながら、「サービスのプロとは、言葉と同じくらい動作で語る存在なのだから、歩き方、表情、視線、手の動きの総体に気を配ることでプロとしての余裕はもちろん、人格さえも表現しなければならない」と詳細に説明したあとのことだった。受講者全員が起立して講義を終えようとしたときに、一人の青年が私に近づいてきてこう尋ねたのだった。

「ホールでの優雅な身ごなしを身につけるには、どうしたらいいのでしょうか?」

私はこう答えた。

「君の先生の真似をしないことだね! いや、そんなに複雑なことじゃないんだよ。『君自身であれ』ということさ。ごく単純に、君が身を置いている場所で自分がどんな身ごなしをしているのか自分で感じ取れればいい。そうすれば、君の自然な優雅さが君の個性になっていくのだからね」

なぜ私は、レストランのホールでのメートル・ドテルの歩き方にこだわったのか? それは、この世で私たちは言葉という素晴らしい道具によって自己表現できるのだが、実のところその言葉は私たちの体とつながっているからなのだ。人は、声と同じくらい、身ぶり、手、表情、目、歩き方など全身を使ってコミュニケーションがとれる。せんじつめれば、その人間のすべては、歩き方に個性として反映している。そしてメートル・ドテルという職業には、多かれ少なかれその人本来の自然な身ごなしを見せるために仕事するという要素があるのだ。プロフェッショナルな闊達さと余裕とを歩き方に示すこと、それこそが自分自身の個性の率直な表現なのである。


ここで、この時期に日本で私のサービス・セミナー(理論講座と実技講座の二部構成だった)を受講しに集まって来た若いメートル・ドテルについて、私がどんな一般的なイメージを抱いたかを書いておきたい。そこには、常に真面目で、この職業を改めて発見しようとする好奇心に満ちた、しかしながら、ときにあまりにも保守的と思える人々がいた。たとえば、二、三時間の講義をしていて、私が「聞きたいことがあれば、講義の途中でも遠慮なく質問するように」と言っても、受講者からはきわめてまれにしか質問が出なかった。

この現象について、受講生の年齢構成はまちまちだから、若い人たちが年配の人たちに遠慮しているせいだと説明してくれる人がいた。たしかに、年かさのメートル・ドテルが質問するより前に、若い研修生が質問することはなかった。しかしこれは、私にとって実にフラストレーションを感じさせる状況だったのだ。なぜなら、私の説明が若い人たちの関心の的を射ているのかどうかを知るすべがまったくないからだ。したがって、私は取り上げたテーマが彼らの関心に大いに沿ったものなのか、それなりなのか、まったくはずれているのかを、講義しながらしばしば自問したものだ。ところが講義が終わり、全員が起立して帰り支度を始めると、その非公式な雰囲気の中で初めて個人的な質問が出てくることがしばしばあって、私はようやく自分の取り上げたテーマへの理解度と関心度とを測るバロメータを手に入れられたのである。

もう一つ、日本の若いメートル・ドテルたちの一般的な個性として気づいたことがある。それは自信のなさだ。とりわけ、研修コースの修了試験の際にそれが感じられた。私は彼らに、よくこう言ったものだ。

「君たちは顧客に喜びを提供する仕事を選んだのだから、まずは君たち自身が喜びを感じ、自分にはできるという自信を持つことだよ。この職業をきちんとなしとげるには、ちょっと『演出』することを好きになる必要があるんだ」

私は、講演やセミナーを通じて、ホールの雰囲気を創造するという点で、メートル・ドテルという仕事は舞台監督に似ているという考え方を広めようとしたと言ってもいい。レストランのホールと劇場の舞台を対比すれば、食事の場は毎晩違うシナリオによって演じられる演劇なのだから。

ところで、先にレストラン・ホールを劇場にたとえたが、劇場には舞台上の俳優と平土間や桟敷席に観客がいるのに対して、レストラン・ホールには俳優としてのサービスチームと食卓についた顧客がいる。告白すれば、日本で教える最大の困難はここにあった。教えるべきは、単にサービスチームの側だけではなかったからだ。日本では顧客の側も、往々にしてこの種のサービスに慣れていなかったのである！

私は日本的な伝統を尊重しつつも、メートル・ドテルとは、レストラン並びに厨房のシェフの評価に付加価値をもたらす使命を負っているきわめて専門性の高いプロフェッショナルの仕事であることを力説した。そして顧客とメートル・ドテルのあいだに新しい関係を切り開き、それを広めるように努めた。

日本で教鞭をとって数年経つと、進歩が目に見えるようになった。顧客の側にも美食と真の意味でフランス的なサービスとを評価する舌と目とが養われ、ホール・サービスのチームの技術も確実に向上していったのだ。とりわけ、顧客の迎え入れと料理の販売（注文の確定）に際しての顧客とのやりとりに、著しい改善が認められたのである。これはひとえに、メートル・ドテルというプロフェッショナルな仕事に対する自覚が浸透した賜物だろう。

2　コンクール——サービスの擁護と顕揚

一九九四年は、日本におけるメートル・ドテルという仕事、すなわちレストラン・サービスにとって重要な年になった。日本で初めて、サービス分野のプロフェッショナルを対象とした全国規模のコンクールとして「第一回メートル・ド・セルヴィス杯」が開催されたからである。その目的は、日本におけるメートル・ドテルの仕事と職業に公正な評価を与え、社会的な認知、とりわけ大規模ホテルやホテル・チェーン、本格的美食レストランの意思決定者層による認知を獲得していくことである。このコンクールの信頼性を裏づけるために、私はアラン・ヴィラカンパ会長〔一九九四年当時〕率いるフランスの「ジョルジュ・バティスト杯」協会の後援をとりつけた。

ジョルジュ・バティストと、そのサービスコンクールについて

ジョルジュ・バティストは、ノルマンディ地方の中心都市ルーアンに一八八二年に生まれた。両親のレストラン兼惣菜店で料理とパティシエの修業をしたのち、長い海外修業に出る。それは、まず英国、次いでモロッコ、そしてデンマーク、スイスと続いた。フランスに帰国してからは厨房を離れ、ホール・サービスの道に入った。シェフ・ド・ラン、メートル・ドテルと順調に

経歴を重ねたのち、パリにあるいろいろなホテル・レストランのディレクターを歴任した。それから海辺の街ボールにあるホテル・レストランのオーナーとなり、その経歴の最後には南仏プロヴァンスのホテル・レストランの経営者となっていた。

ジョルジュ・バティストについて語るとき、協同組合組織での活躍を抜きにはできない。彼はしばしば自らを「レストランの申し子」と呼んでいて、この職業の発展を期して多年にわたり数多くの講演をおこなった。自分自身の仕事に対する情熱を若いプロフェッショナルたちに伝えることに心血を注いだのだ。二十世紀の食の業界に関する本を著したのも、そのあらわれである。長年にわたって、彼は「ジュヌヴォワーズ協会」の会長を務めた。この協会は、フランスにおけるホテルとレストランの従業員にとってもっとも重要な互助組合である。

ジョルジュ・バティストが一九六〇年に亡くなったとき、ジュヌヴォワーズ協会の経営層は、メートル・ドテルという仕事と職業とを活性化するために、若手のためのサービスコンクールを実行に移すべく構想を練った。すでに料理分野では存在しているもろもろのコンクールにならって、良い意味での競争心をレストラン同士と若いプロフェッショナルたちのあいだに導入し、彼ら若者たちにとっては経歴を積む上でプラスになるようなコンクールの構想である。

ジョルジュ・バティスト（1882-1960）

そして一九六一年、ジュヌヴォワーズ協会の理事会は、故人の徳、生涯、経歴を讃えるために、「ジョルジュ・バティスト杯」と銘打った現役のプロフェッショナルを対象としたホール・サービスの第一回コンクールを開催した。厨房でその経歴をスタートさせ、ホール・サービスに関する完璧な知識を体現し、ついには企業のトップにのぼりつめて経営に辣腕をふるった偉大な「旅行者」であるジョルジュ・バティストは、いまも彼を称賛してやまないこの協会の運命を決める数年間を、会長としてリードしてきた人物だったからである。

一九六五年、ジュヌヴォワーズ協会は、「ホテル関連産業共済組合（AMIH）」と改名した。一九七五年、この共済組合は、ホテル学校在学中の若者を対象とした第一回コンクールを発足させるに至った。コンクール第二回目は、人材育成センターとホテル学校で学ぶ何千人もの少年少女に、毎年パリで開催される全国大会決勝を目指して、彼らが学んだ技能と知識をもってフランス全土で催される地方大会に挑戦し、相互に技能と知識を交換しあいながら良い意味での競争の精神を体得する機会を与えるものとなった〔以後毎年、学生対象のサービスコンクールを実施、二〇一二年の全国大会決勝は同年三月にマルセイユで開催された。初めてのパリ以外での開催だった〕。また、一九九一年からは欧州レベルでのコンクールも開始した。そして一九九四年、日本における第一回メートル・ド・セルヴィス杯コンクールを後援したことが、ジョルジュ・バティスト杯にとっては最初のアジアにおける国際展開となり、さらに二〇〇〇年には第一回ジョルジュ・バティスト杯国際大会がカナダで開催された。

以上がこの協会の発展の各局面を画する日付であり、それはまさに、ジョルジュ・バティストの不朽の「旅行者」精神と、競争と、高度に専門的なメートル・ドテルという職業の伝承を具現化する里程そのものだったと言えると思う。二〇一一年には、専務理事会の補佐を受けたフランク・ランギーユ会長のもと、ジョルジュ・バティストの薫陶を受けた彼の精神の「相続人たち」が、健全な競争意識の伝統を守り伝えるべく、ジョルジュ・バティスト杯五十周年をパリで祝ったのだった。なお、国際大会については、第一回以後、二〇〇四年フランス、二〇〇六年メキシコ、二〇〇九年ベトナムにおいて開催され、二〇一二年には日本で開催される。

メートル・ド・セルヴィス杯コンクールでは、まずワイン産地やフランスの美食文化で使われる食材などに関する筆記試験が日本の主要な都市で実施され、ここで候補者が十五名に絞られる。次に、この十五名は東京でおこなわれる準決勝に進み、ゲリドンでの作業と料理の販売（注文の確定）を日仏混合の審査員チームの前でおこなう実技試験に挑戦する。

この挑戦に成功した五名がいよいよ決勝に進み、各候補者は料理学校の生徒一人をコミとしてこれに指示を与えながら、一つの食卓で会食する四人の顧客に実際にフルコースのサービスをおこない、プロフェッショナルの審査員がこれを評価して優勝者を決めるのである。こうした試練を経て第一回メートル・ド・セルヴィス杯を獲得したのは、ロイヤル・パーク・ホテルの高橋久也氏だった。私は彼を、日本における新世代のメートル・ドテルのパイオニアとして祝福した。なお、同コンクールは、二〇一〇年までに十四回開催されて今日に至っている。

そして一九九九年、第一回日仏メートル・ドテル祭が開催された。フランス側から参加したメート

第14回「メートル・ド・セルヴィス杯」決勝コンクール。回数を重ねるにしたがって、メートル・ドテルという仕事に対する社会的な認知度も高まり、ギャラリーも大勢集まるようになってきた。

ル・ドテルは、以下の錚々《そうそう》たる顔ぶれだった。

・カンヌの「パルム・ドール」からヴァンサン・ルアール（故人）
・ピカルディー地方のルレ・エ・シャトー会員「ル・シャトー・ド・フェール」から、フィリップ・スタンダール
・パリのエッフェル塔のレストラン「ル・ジュール・ヴェルヌ」からブルーノ・ジュソーム
・パリの「アルページュ」からローラン・ラペール
・パリの国民議会付きレストランからフランク・ランギーユ

初来日以来ここまでの九年間には、多くの仕事、旅行、交流、出会いがあり、日本で初めてのサービスコンクールを始めてからでも、すでに六年が経過していた。この間、日本のメートル・ドテルたちは次第にその仕事をきっちり演ずるにふさわしい実力を備えた「役者」へと変貌してきていた。そこで主催側の私は、歴代のメートル・ド・セルヴィス杯優勝者たちとともに

に、大阪、京都、名古屋、東京のあちこちのホテルで講演会およびデクパージュとフランバージュのデモンストレーションを実施したのだった。

この一九九九年の祭典は、私の職業上の経歴の中で一番活き活きとした思い出になっている。それは、私が主催側の一員として日本でおこなってきたすべての仕事の集大成のひとときとなったからだ。私は、日仏双方に健全な素晴らしい競争意識が芽生えるのを見て、フランス・チームとここまで対等に渡り合うまでになった日本のメートル・ドテルたちの進歩を確認できたことに、うち震えるような密やかな喜びを感じていた。このとき一堂に会した日仏のメートル・ドテルたちも、このプロフェッショナルで文化的な交流に大きな満足を味わったにちがいないと思う。

この祝祭に、ひときわ大きな「花火」が打ち上げられた。初めてのサービスコンクール観戦ガラ（大正餐会）である。ロイヤルパークホテルに三百席をしつらえておこなわれ、フランス料理とフランス的ホール・サービスの粋を集めたイベントとなった。

このガラのプログラムには第六回メートル・ド・セルヴィス杯決勝が組み込まれ、レストランのホール・サービスの腕を競う勝負の舞台に、黒服（メートル・ドテル）と白服（料理人）とが集結したとき、私の心は、ここまで長きにわたって積み重ねてきた主催者側のすべての努力を誇りとする想いに隅々まで浸されていた。そして目の前にもたらされた果実と歓喜とを、観客の熱烈な拍手に包まれながら参加者全員と分かち合ったのだった。

さいごに

本書によって、メートル・ドテルという仕事《メチエ》がもつ「千と一つ」ほどもある要素の一端を発見ないし再確認していただければ幸いである。この仕事《メチエ》の未来は、その歴史と進化、伝統の継承の中にあり、現役のメートル・ドテルの皆さんがそこに学び、それぞれの個性に応じてサービス・スタイルを確立することでこの仕事《メチエ》をさらに進化させていっていただきたいと願っている。

メートルドテルとしての自分をふりかえることは、人生という名の道にあらためて筋をつけていくような感じがした。それは、シャンパーニュ地方とブリィ地方にはさまれた片田舎で、アヒルや羊、山羊の世話をしながらクルミの木でつくった杖を引きずって小石混じりの地面に筋を引いて遊んでいた幼年時代を思い出したときに突然感じたことだ。

この本は、私の田舎での子供時代から始まり、以後ほぼ五十年にわたる職業生活、徒弟契約に始まり、教授経験にいたるまでをたどったものだ。「人生の目的は、目的地にだけあるのではなく、そこへ至る道筋にもある」という老子の言葉を思い出す。

本書は、フランス料理文化センター・アソシエでフォトグラファーの大澤隆氏との出会いなくしては生まれなかった。二〇〇七年の秋、日光へ向かう車中で、彼は私の経歴について書くことを勧めてくれたのだった。ものを書くことについては我が身の非才を知っているので、かなりためらったのだが、いつも晴美夫人ともども勇気づけてくれ、ようやく決心し書き続けられたのだった。まことに、「人生の旅は、友と一緒なら容易になる」のだ。

その意味で、私が日本と関わった二十年間というもの、熱い友情を寄せてくれたフランス料理文化センターの料理主任教授（当時）アントワンヌ・シェフェール氏にも感謝を捧げたい。彼の紹介によって日本で出会ったレストラン「パッション」のオーナーシェフ、アンドレ・パッション氏にも、彼の二人のご子息でメートル・ドテルのパトリックとティエリィにも、日本におけるメートル・ドテルの仕事をプロモートする上で惜しみない協力を頂いたことに感謝したい。

また、日本でのレストラン・サービスの第一人者として長年活躍され、今もメートル・ド・セルヴィス杯コンクールの日本側審査委員長としてサービスという仕事の社会的認知を高める活動を粘り強く推進されている日本のメートル・ドテルの第一人者である下野隆祥氏、東京ガスとアーバン・コミュニケーションズ社の歴代の社長、初来日当時、私のアシスタントとして活躍し現在はフランス料理文化センターのサービス教授を務める福岡俊和氏はじめスタッフの皆さんにも同じく深い感謝を捧げたい。

我が妻ジョスリーヌには、二重の意味で感謝したい。日本への長期出張が重なり、離れて暮らすことが多かった時期も私を支え、日本でのフランス食文化の普及という大きな仕事を成し遂げるのを見守ってくれたこと、そして本書の執筆に当たっては脱稿までの二年間、校正を含め、なにかと力づけ

わが父、わが英雄、カシミーロ・ソレール（中央のベレー帽）

助けてくれたのだった。その母親を支えてくれた二人の子ども、ナタリーとパスカルにも感謝したい。彼女らはまた、孫たちを産んでくれ、ソレールの名を次代につないでくれてもいる。

こうした生命の連続を顧みるとき、私はブリア゠サヴァランにならって、「どこから来たのか言ってごらん、君が何者なのか教えてあげよう」と言いたくなる。だから最後に、私が七歳のときに亡くなったわが父カシミーロ・ソレールを簡単に紹介しておきたい。

父は、一九一二年、スペイン北東部カスティリヤ地方の一山村に生まれ、長じてからは生まれ故郷にほど近いテリュエル市のとある鍛冶屋で働いていた。早くから人民戦線運動に身を投じ、二十四歳のときには、フランコ将軍率いる反乱軍に対抗して共和国側の一員として戦うことを決意、同市で父と同じく母国の自由のために立ち上がったレジスタンス活動家たちから成る小グループの責任者に選ばれていた。ちなみにテリュエル市はマドリッド、バルセロナ、ヴァレンシアという三大都市を結んだ三角地帯の中心に位置しており、スペイン市民戦争における戦略上の要地だった。三年間に及ぶ戦いに敗れて単身フランスへ亡命、一九五四年、私が七歳のときに病を得て亡くなった。

この古びて黄ばんだたった一枚の小さな写真こそ、私の幼年期の揺籠であり、私のあらゆる夢を養い育て、思春期に至ってなお、多少とも私に影響を及ぼした一葉である。この写真を見つめては、亡き父をわが英雄として今日まで行軍をともにしてきたのだった。私は確かに彼から来たのである。

武運つたなくスペイン市民戦争に敗れ、フランスへたどり着いたわが父、わが英雄カシミーロにオマージュを捧げたい。

訳者あとがき

ずっと、なぜだろうと思っていた。
日仏の「もてなし」の違いについてである。フランスのレストランやホテル、日本の料亭・割烹、旅館のもてなしは、定評ある店ならいずれも快適なのだけれど、快適さが微妙に異なる。肌合い、というのだろうか——ともに「こまやか」であることに変わりはないのに、日本では「濃やか」、フランスでは「細やか」と書き分けたくなる違いを感じていた。深情けと明快さと言い換えてもよい。白状すると、ソレール氏にレストラン・サービスについて自伝的な部分を含めて本を書いてみないかと勧めた裏には、訳者のそんな個人的な疑問を解いてみたいという望みがあった。

日仏間の違いを念頭にレストラン・サービスについて語るのに、日本で初めてのサービスコンクールを立ち上げた実績、日仏における教育者としての足跡のみならず、現役のメートル・ドテルへの影響力から見ても、ソレール氏ほどの適任者はいないだろう。たとえば、サヴォワ地方の超高級リゾート地メジェーヴの名店「シャレ・デュ・モン・ダルボワ」で総支配人を務めるフィリップ・スタンダール氏は、クープ・ジョルジュ・バティスト協会で活躍するソレール氏の姿に啓発されてコンクールに挑み続け、二〇〇〇年には、ついに数少ないフランス最優秀職人章（ＭＯＦ）に輝いた。このアルプスの名メートル・ドテルは、「ソレール氏に接していなければ、私がコンクールに挑み続けることはなかっただろうし、今日の自分はなかった」と述べている。

翻訳を進めながら、先述の疑問に対する答えは簡単には見つからなかった。しかし、本書に掲載する図版を集めていて初めて気づいたことがあった。それは、フランス大革命後に本格的に発展した「レストラン」という食の場が、不特定多数の客を集めるきわめて特殊な空間だという点である。大革命以前、メートル・ドテルが活躍するような食卓には、広い意味で「知り合い」の客だけしかいなかった。つまり、主人役の王や貴族が客を選び、客同士は初対面の場合もあっただろうが、食卓をあとにするときには互いに「知り合い」になれた。大革命後でも、個人的な邸宅での食事では、主人が招待した客しか食卓を囲めなかったから、事情は変わらない。しかしレストランだけは、営業時間中であれば、明示された価格を支払えるなら、誰でも客になれる。ホールには不特定多数の未知の客がいて、食事を終えても互いに未知のままである。「知り合い」しかいない場合と不特定多数に囲まれた場合では、サービスがおのずと異なる。レストランでサービスする側は、不特定多数の目から見て、不公平があってはいけない。客個人に特化したサービスは最小限にとどめる必要がある。そういう中で発展し、洗練されてきたのがフランスにおけるレストラン・サービスなのだ。

これに対して、日本の料亭・割烹や旅館のサービスは、不特定多数を排除する部屋食を前提としている。第三者の目から完全に遮断されているから、サービスする側は、個別具体的に、どこまでも客個人に特化した「濃やかな」サービスが可能だし、客もそれを求める。常連が偏重され、価格さえ明示されていないことも珍しくない。レストラン文化が輸入されたとき、居酒屋や蕎麦屋など、日本にも古くからオープンな食の場はあった。しかし、相席に見られるように、客の快適性に対する配慮には欠けているので、とうてい参考にはならなかっただろう。いわば、「レストラン」という新しい思想としての民主的な空間を前にして戸惑ってきたのが、これまでの日本のレストラン・サービスだったように思える。

日本が真剣に観光立国を目指すなら、日本の伝統は伝統として守りつつも、少なくともレストランでは、不特定多数の旅行者に対して最大限の満足を与えられるサービスを実現していくことが重要だろう。そのために本書がいささかなりとも役立てば、訳者として幸いである。

最後に、訳者の質問に根気よく答えてくれた著者、貴重な所蔵資料を著者が撮影することをご快諾くださったディジョン市立図書館、そして白水社の菅家千珠さんに深く感謝いたします。

二〇一二年八月

大澤隆

本文中の写真撮影および図版提供（数字は該当頁）
有限会社アートファイブ : 13, 42（上）, 43（下）, 163, 172（上左右）, 203, 216
Bureau de la Coupe Georges Baptiste : 149（下）, 177（左右）, 213
André SOLER : 23, 25, 31, 34, 55, 73, 88, 89, 99, 113, 117, 123, 155, 131, 132, 137, 140, 141（上）, 149（上）, 220
大澤 隆 : 18, 42（下）, 43（上）, 63, 172（下）

訳者略歴
大澤 隆（おおさわ たかし）
1950 年生まれ。早稲田大学大学院文学研究科修了。翻訳家。フォトグラファー。フランス料理文化センターアソシエ。
主要訳書：ギィ・マルタン『シェフの哲学 食の探求から三つ星レストランの運営まで』（共訳、白水社）

レストラン・サービスの哲学　メートル・ドテルという仕事

2012 年 9 月 10 日　印刷
2012 年 9 月 30 日　発行

著　者© アンドレ・ソレール
訳　者© 大　澤　隆
発行者　及　川　直　志
印刷所　株式会社三陽社

発行所　〒101-0052 東京都千代田区神田小川町 3 の 24
電話 03-3291-7811（営業部），7821（編集部）　株式会社白水社
http://www.hakusuisha.co.jp
乱丁・落丁本は送料小社負担にてお取り替えいたします。

振替　00190-5-33228　Printed in Japan　誠製本株式会社

ISBN978-4-560-08238-6

ギィ・マルタン 著／大澤 隆、大澤晴美（レシピ部分）訳

シェフの哲学

食の探求から三つ星レストランの運営まで

本書は、パリのレストラン「グラン・ヴェフール」の料理長、ギィ・マルタンが、自らの職業、食材、料理、レストランの運営について具体的に記述した、いわば料理の思想書。

ジャッキー・リゴー 著／立花洋太 訳／立花峰夫 監修

アンリ・ジャイエのワイン造り

ヴォーヌ＝ロマネの伝説

二十世紀最高の天才醸造家が、ワイン造りの神髄をあますところなく語る。テロワール、ヴィンテージ、ブドウ栽培、醸造・熟成に至る全プロセスが、自身の言葉によってときあかされる。

ジャッキー・リゴー 著／立花洋太 訳／立花峰夫 監修

アンリ・ジャイエのブドウ畑

すべてはブドウ畑からはじまる——冬の土地改良から秋の収穫まで、ワインの原点ともいえるブドウ栽培の一年をジャイエの言葉を引用しながら丁寧に解説。ブドウ栽培の用語集つき。

パトリック・マシューズ 著／立花峰夫 訳

ほんとうのワイン（新装版）

自然なワイン造りへの回帰

いま、自然派ワインがブームである。「ほんとうのワイン」とはなにか。ブルゴーニュとカリフォルニアの先進的な醸造家の実践を通し、伝統的なワイン造りへの回帰を呼びかける。

マット・クレイマー 著／阿部秀司 訳

ブルゴーニュワインがわかる

『ワインがわかる』で世界中のワイン愛好家をうならせたクレイマーが、ぶどう畑と作り手の個性に焦点をあて、土地とぶどうと人が作りあげたブルゴーニュの魅力を知的にときあかす。

マット・クレイマー 著／阿部秀司 訳

イタリアワインがわかる

世界中の多くのワイン産地の中でボルドー、ブルゴーニュと肩を並べて比較できるのはイタリア。北はピエモンテから南はシチリアまで、クレイマーお奨めのワイン、優れた作り手を紹介。

立花規矩子、立花洋太 著／立花峰夫 監修

ワインのフランス語《CD付》

ワインショップ、ワインバー、パーティー、ワイナリー見学など、さまざまなワインの場面で使える会話集です。ワイナリー研修に関する手紙の書き方、語彙集（仏和・和仏）も充実！